DIE 7 AHAs ERLEUCHTETER MENSCHEN

Mike George

DIE 7 AHAs ERLEUCHTETER MENSCHEN

Ratgeber für Vertrauen,
Liebe und Zuversicht

Aus dem Englischen übersetzt
von Christian Quatmann

INTEGRAL

Integral Verlag
Integral ist ein Verlag der Verlagsgruppe Random House

ISBN 3-7787-9141-9

Die englische Originalausgabe erschien 2003 unter dem Titel
»The 7 Aha!s of Highly Enlightened Souls« im Verlag O Books,
Winchester, UK und New York, USA.

Einbandgestaltung: HildenDesign, München – Andrea Barth
Gesetzt aus der Sabon bei HildenDesign – Andrea Barth
Druck und Bindung: Bercker Graf. Betrieb, Kevelaer

WIDMUNG

Dieses Buch sei all jenen gewidmet,
die nicht länger ein stressbehaftetes Leben
führen möchten und zum »Aufwachen«
bereit sind, um die Ketten selbst
erzeugten Leids abzuwerfen!

INHALT

VORWORT

Der rote Faden

Wie ein konstruktives Selbsthilfeseminar zeichnet sich auch ein gutes Buch durch einen Grundgedanken – den so genannten »roten Faden« – aus, der das Ganze zusammenhält. Der rote Faden in diesem kleinen Buch ist der Gedanke der Selbstverantwortung.

Auch wenn die meisten von uns mit ihrem Leben oberflächlich betrachtet zufrieden erscheinen, schlagen wir uns trotzdem fast alle täglich mit Problemen herum. Der Grund: Die Mehrheit hat noch nicht begriffen, wie wichtig es ist, dem Prinzip der Selbstverantwortung in ihrem Leben Geltung zu verschaffen. Egal unter welchen Umständen Sie aufgewachsen sind oder Ihr Dasein fristen: Ihr Leiden ist selbst erzeugt. Möglich, dass Sie das bislang nicht gewusst haben oder vielleicht gar nicht so genau wissen wollten. Manche Leute haben es zwar begriffen, zeigen sich aber nicht bereit, die nötigen Konsequenzen zu ziehen. Andere sind sich dessen womöglich bewusst, verdrängen es aber. Die allermeisten wissen es jedoch wirklich nicht und sind – zunächst – völlig perplex, wenn sie erstmals auf diese schlichte Wahrheit stoßen!

Ich weiß das deshalb so genau, weil ich im Laufe der Jahre mit Tausenden von Menschen auf der ganzen Welt während zahlloser Seminare, Vortragsveranstaltungen und Workshops gesprochen habe. Ich weiß aber ebenso aus eigener Erfahrung, dass sich in unserem Leben – was immer uns auch in der Vergangenheit widerfahren sein mag – nichts bessern wird ohne die Bereitschaft, für uns selbst, für unsere Gedanken und Gefühle, für unseren Charakter sowie unsere Handlungen die volle Verantwortung zu übernehmen. Und zwar gleich jetzt, das heißt noch heute. Das mag sehr hart klingen, dennoch ist diese Erkenntnis die Voraussetzung für ein erfolgreiches und zufriedenes Leben.

Die Verantwortung für sich selbst zu übernehmen, für das eigene Leben und Schicksal, ist natürlich keine Kleinigkeit; vor allem nicht, wenn man – wie die meisten von uns – ständig zu hören bekommt, dass immer die anderen an allem schuld seien. Verantwortung für sich selbst zu tragen, bedeutet freilich nicht, dass wir uns von den anderen absondern und uns in aller Selbstsucht pausenlos mit den eigenen Bedürfnissen und Wünschen beschäftigen. Das Paradox der Selbstverantwortung besteht vielmehr darin, uns als Teil einer größeren Gemeinschaft zu verstehen. Ob es sich bei diesem sozialen Kontext um unsere Familie, unser Arbeits- oder privates Umfeld handelt – wir können die Menschen in unserer Umgebung nur beeinflussen in der Bereitschaft, Verantwortung für uns selbst zu übernehmen. Wer stets irgendwelche Personen oder Umstände für das eigene Denken sowie Tun verantwortlich macht und dabei vorwurfsvoll mit dem Finger auf andere zeigt, liefert sich den jeweiligen Umständen ohnmächtig aus und betrügt sich dazu noch selbst.

Ich weiß ja, wie Sie leiden und sich quälen. Deswegen habe ich dieses Buch geschrieben. Tatsächlich wendet sich dieses Buch direkt an Sie. Natürlich kann es nicht alle Fragen beantworten, nicht alle Unklarheiten und Probleme beseitigen; aber vielleicht hilft es Ihnen ein wenig dabei,
sich der größten

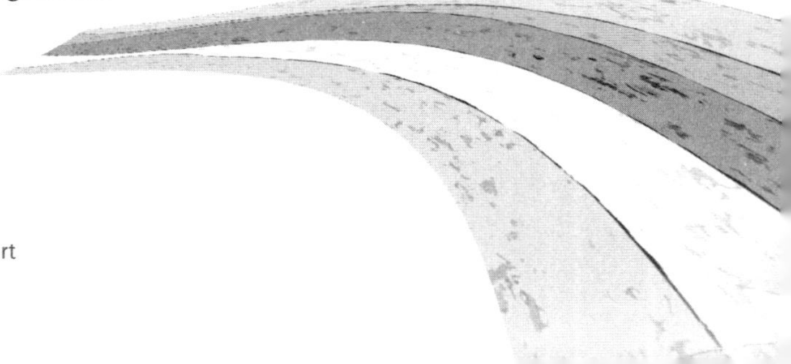

Herausforderung in Ihrem Leben zu stellen und zu akzeptieren, dass nur Sie selbst entscheiden können, wie Sie auf das Leben, das Universum, das große Ganze reagieren möchten.

Mike George, 2003

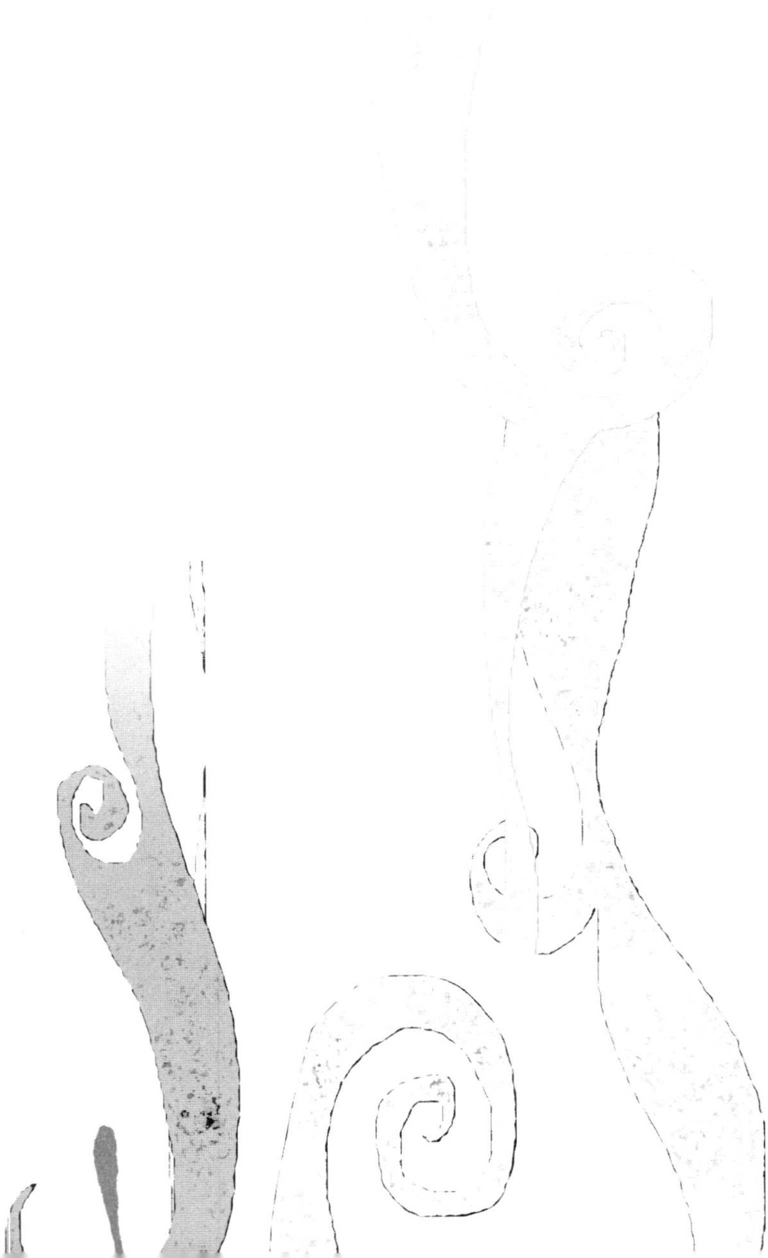

EINLEITUNG

Eine Zeit der Verwandlung

Tonnenweise haben in den vergangenen Jahrzehnten Bücher den Markt überschwemmt mit dem Anspruch, dem Leser in seinem hektischen Alltag wieder die Augen für die uralten Weisheiten der Völker und die Wunder des Lebens zu öffnen. Auch Tausende von Seminarleitern und »erleuchteten« Gurus sind mit diesem Versprechen aufgetreten.

Sie alle möchten uns lehren, was zu tun ist, um wieder Ruhe und Gelassenheit zu finden. Sie alle wollen uns zeigen, wie wir die Kontrolle über unser Schicksal zurückgewinnen, wie wir in einer Zeit des zügellosen Aktivismus wieder bessere Menschen aus uns machen können. Sie alle führen uns vor Augen: Ihr habt vergessen, wer ihr wirklich seid und weshalb ihr hier seid. Und sie alle erinnern uns stets aufs Neue daran, dass wir nur allzu leicht den Sinn unseres Daseins verfehlen und die in uns allen schlummernde Schönheit sowie Kreativität vergessen könnten, wenn wir nicht auf der Hut sind.

Aber vielleicht wissen Sie ja bereits selbst: Weder Bücher noch Gurus oder Seminare sind in der Lage, Ihr Leben wirklich von Grund auf zu verändern beziehungsweise zu verwandeln. Die große Verwandlung wird uns zwar immer wieder versprochen, doch niemand vermag diese Hoffnung zu erfüllen. Warum? Weil nur Sie selbst sich dazu aufraffen können, endlich zu erwachen und bewusster durchs Leben zu gehen. Nur Sie selbst können den Entschluss fassen, Ihrem Denken, Fühlen und Handeln eine neue Richtung zu geben. Alle Techniken und Methoden nützen dabei freilich nichts ohne die Motivation und Willenskraft, sich von einem Selbstbetrug zu befreien, der Sie in der Routine trägen Denkens, falscher Überzeugungen und verzerrter Wahrnehmungen festhält. Auch wenn wir uns dessen häufig nicht bewusst sind und unsere Denkgewohnheiten, Überzeugungen und Wahrnehmungen völlig in Ordnung finden: Wir alle haben guten Grund, uns aktiv um unsere innere Entwicklung zu bemühen.

Dieses Buch möchte Ihnen Erkenntnisse und Methoden vorstellen, wie Sie sich von negativen Denkmustern befreien können, die lediglich die eigene Trägheit begünstigen. Es will Ihnen aufzeigen, dass Sie sich an belastende Verhaltensmuster ketten durch Irrtümer, derer Sie sich zunächst bewusst werden, sie dann infrage stellen und schließlich auflösen sollen. Das Buch möchte Sie dahin führen, die Welt in einem positiveren Licht zu sehen und den Dingen voll Optimismus und Zuversicht entgegenzublicken. Letztendlich soll es Ihnen als Hilfe dienen, Ihr wahres Selbst zu finden und dabei zu erkennen, wer Sie jenseits der Meinungen und Sichtweisen der anderen wirklich sind. Ist dies einmal geschafft, können Sie sich voll Zuversicht auf den Weg Ihrer ganz persönlichen Erleuchtung begeben.

Doch alle durch dieses Buch gewonnenen Erkenntnisse, Selbsthilfemethoden und spirituellen Einsichten sind völlig belanglos, solange Sie nicht in sich selbst die Wahrheit entdecken. Und diesen Augenblick, in dem unversehens der Schleier der Illusionen vor unseren Augen zerreißt und wir plötzlich klar sehen, diese Erfahrung nenne ich das große Aha-Erlebnis.

DAS GROSSE AHA-ERLEBNIS

Wir alle haben bisweilen Aha-Erlebnisse. Solche Augenblicke erleben wir beispielsweise, wenn uns blitzartig die Lösung eines Problems in den Sinn kommt, das uns schon lange zu schaffen macht.

Ohne erklärlichen Grund wissen wir in solchen Aha-Momenten plötzlich ganz genau, was wir zu tun und zu sagen haben (oder aber, was wir besser unterlassen und nicht sagen sollten). Zudem ist uns in diesen Augenblicken sonnenklar, dass wir die absolut richtige Antwort gefunden haben. Jedes weitere Grübeln erübrigt sich. Denn je länger wir über ein solches Aha-Erlebnis nachdenken, desto mehr verliert es an Kraft.

Ein Aha-Erlebnis (man spricht in Anlehnung an den Ausruf des griechischen Mathematikers Archimedes »Ich hab`s gefunden« auch von einem *Heureka*-Erlebnis) wird uns meistens dann zuteil, wenn wir aufhören, zwanghaft über die Lösung eines Problems nachzudenken. Gerade in solchen Momenten ist unser Geist völlig entspannt und offen für eine neue Perspektive. Schon seit Tausenden von Jahren gilt die Meditation als beste Methode, um den Tumult der Gedanken und Gefühle in unserem Inneren zu besänftigen. Tatsächlich ist dieser Zustand innerer Stille die ideale Voraussetzung für die von mir geschilderten Aha-Erlebnisse. Erst in solchen Augenblicken der Einkehr und Besinnung entsteht in uns jener Raum der Stille, in dem unversehens neue Visionen auftauchen und ungeahnte Kraftreserven zum Vorschein kommen können.

Nicht zufällig berichten die meisten Erfinder von Aha-Momenten, in denen sie unvermittelt wussten, wie sie ihre Ideen realisieren konnten. Das erfuhren ebenso zahlreiche Wissenschaftler, als sich in Augenblicken der »Erleuchtung« ihre theoretischen Annahmen unversehens zu einem schlüssigen Ganzen fügten. Das Gleiche gilt für erfolgreiche Geschäftsleute: Urplötzlich hatten sie eine glänzende unternehmerische Eingebung.

Diese Aha-Erlebnisse können Ihr Leben von Grund auf verändern. Ich hoffe, dass ich Ihnen durch dieses Buch wenigstens ein Aha-Erlebnis verschaffen kann – oder besser noch: möglichst viele. Und wenn ein solcher Moment kommt, dann ziehen Sie bitte sofort die richtigen Konsequenzen. Denn zum Besseren können sich die Dinge in Ihrem Leben nur wenden, wenn Sie die »Schubkraft« solcher Eingebungen nutzen und entsprechend kraftvoll handeln.

ERSTER TEIL

ILLUSIONEN UND MÄRCHEN

Die sieben beliebtesten Stress-Märchen

Sind Sie für dieses kleine Buch der richtige Adressat?

Die am weitesten verbreitete Krankheit des 20. Jahrhunderts lautet »Stress«. Und wie es scheint, lässt sie sich auch im 21. Jahrhundert in ihrem – oftmals tödlichen – Siegeszug nicht aufhalten.

Inzwischen streben jedoch immer mehr Leute danach, gegen diese Zustände anzukämpfen. Auch die Wirtschaft begreift allmählich, dass die Unternehmen wegen Krankheit, Ineffizienz, Beziehungskonflikten und schlechter Arbeit alljährlich Milliarden von Euro, Yen, Dollar oder Pfund verlieren. Und dies alles hat letzten Endes eine Ursache: jene viel beschworene – häufig auch nur vorgeschobene – Krankheit, die wir »Stress« nennen. Doch zunächst eine ganze andere Frage: Wie fühlen Sie sich jetzt – in diesem Moment? Ist das Leben für Sie eine Qual oder ein Vergnügen? Letzteres? Dann überlegen Sie mal, ob Sie sich da nicht selbst belügen. Betäuben Sie Ihr Elend mithilfe »geistiger« Getränke oder chemischer Substanzen? Haben Sie womöglich raffinierte Strategien entwickelt, um die Wahrheit vor sich selbst zu verbergen? Sollten Sie Ihr Leben als Qual, soll heißen »stressig« empfinden, sind Sie genau der richtige Adressat für dieses Buch. Oder sind Ihnen seelische und emotionale Nöte gänzlich fremd? Haben Sie das Glück, sich nie als Opfer zu sehen? Machen Sie niemals andere dafür verantwortlich, wie Sie sich fühlen? Und sind Sie der Meinung, dass das Leben rundum wundervoll ist? Ja? Dann ist dieses Buch nicht für Sie bestimmt. Bitte reichen Sie es unverzüglich an jemanden weiter, der es nötiger braucht!

Doch andernfalls lesen Sie weiter. Denn es gibt noch viel zu lernen und zu tun – vor allem aber: noch so viel zu *sein*!

Zunächst einmal zu den Ammenmärchen: In den vergangenen dreißig Jahren sind eine Reihe gefährlicher Mythen entstanden.

Sie alle ranken sich um das Phänomen des Leidens, das wir »Stress« nennen. Leider verzerren diese Legenden unsere Wahrnehmung. Sie lenken uns nicht nur von den wahren Ursachen dieser Volkskrankheit ab, sondern auch von geeigneten Therapien.

Haben Sie es sich in Ihrem Sessel bequem gemacht?

ERSTES MÄRCHEN

»Stress spielt im heutigen Leben eine durchaus positive Rolle.«

FALSCH!

Es gibt keinen »positiven Stress«. Dieser Begriff ist ein Widerspruch in sich. Stress ist belastend, ungesund und deshalb grundsätzlich negativ. Hier die Definition, an die wir uns fortan halten wollen:

Stress ist ein Schmerz, der uns sagen will, dass wir gewisse Dinge in unserem Leben ändern müssen. Jeder – wirklich jeder – Schmerz vermittelt uns die Botschaft: Wir haben etwas zu lernen.

Auch wenn die Fachwelt zu Recht meist zwischen (körperlichen) Schmerzen und (seelischem) Leiden unterscheidet, möchte ich in diesem Buch für beides das Wort »Schmerz« verwenden.

Wenn Sie die Hand in ein Feuer halten, was spüren Sie dann? Schmerzen. Und was lernen Sie daraus? Solche Dummheiten in Zukunft zu unterlassen. Sie haben also die Botschaft verstanden, etwas dazugelernt, sich verändert. Stress und Schmerzen können spiritueller, mentaler, emotionaler und körperlicher Natur sein. Aber wer von uns hört schon auf Botschaften, die sich in – von uns selbst erzeugten – schmerzlichen Gedanken und negativen Gefühlen zu Wort melden? Die allerwenigsten! Entweder wir verdrängen sie, oder aber wir versuchen, sie zu manipulieren. Und wieso? Weil man uns eingebläut hat, dass ein gewisses Maß an Stress notwendig, ja sogar gut sei. »Man« hat uns beigebracht, solche Zustände als ganz normal zu begreifen. Und in dieser Überzeugung schließlich nehmen wir Stress einfach hin, ohne zu bedenken, dass wir auf diese Weise unser eigenes Grab schaufeln. Wer meint, Stress gehöre nun einmal zum Leben, hat schon die Lunte des Pulverfasses angezündet, auf dem er/sie selbst sitzt. Nicht zuletzt sind die Gesundheitssysteme hoch entwickelter Länder deswegen überfordert, weil die meisten Menschen nicht mehr bereit sind, Verantwortung für ihr eigenes seelisches und emotionales Wohlbefinden zu übernehmen. Und wer sagt uns schon, dass bereits ein einziger negativer Gedanke verheerende Folgen für unser Immunsystem haben könnte?

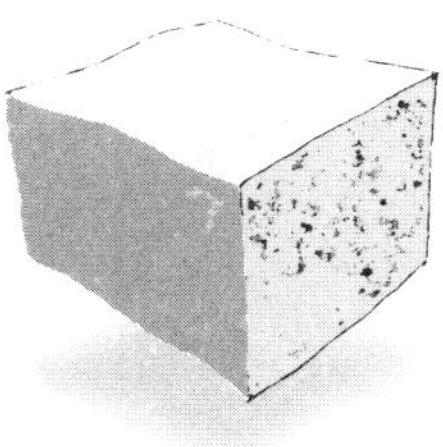

Es gibt aber noch einen zweiten Grund, weshalb wir die angesprochenen Botschaften so gerne überhören; warum wir so bereitwillig darauf verzichten, uns weiterzuentwickeln und zu verändern: Es sind unsere gelegentlichen Angstschübe und Wutausbrüche. Denn die bereiten uns ein geradezu perverses Vergnügen. Wieso? Weil solche Gefühle gewisse süchtig machende chemische Substanzen in unserem Körper ausschütten. Viele Leute brauchen jeden Tag einen kräftigen »Adrenalinstoß«. Unbewusst konzentrieren sie sich auf unangenehme Situationen und Mitmenschen, geradezu nach Gründen suchend, um sich über irgendetwas aufregen zu können. Wenn es solchen Menschen einmal nicht gelingt, sich den gewohnten »Kick« zu verschaffen, haben sie das Gefühl: Mir fehlt etwas!

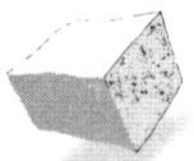

Wer behauptet, ein gewisses Quantum Stress sei ganz normal, ja sogar gut, macht es sich viel zu bequem. Denn mit dieser Argumentation entzieht man sich nur elegant der Mühe, für sich selbst die Verantwortung zu übernehmen. Wir alle lieben die Bequemlichkeit – schließlich wurde uns das auch so anerzogen. Deshalb glauben die meisten (weil sie es nicht besser wissen), dass uns eine gewisse Portion Stress gut täte. Doch mittlerweile begreifen immer mehr Menschen: Stress hat rein gar nichts mit einem erfüllten Leben zu tun – mit der Konsequenz, dass sie ihr Denken und Fühlen entsprechend zu beeinflussen suchen.

Eine kleine Cappuccino-Konversation

Sind Sie zufällig mal Zeuge einer »Mein-Gott-wie-fertig-ich-bin«-Unterhaltung geworden? Einer der beiden Beteiligten stöhnt: »Du kannst dir ja nicht vorstellen, wie viel ich zu tun habe. Ständig diese Termine! Mein Schreibtisch ist knallvoll, und dann noch dieser Druck von allen Seiten. Ich bin total am Ende!« Sofort legt der/die andere los: »Ja, du hast Recht, das ist eindeutig zu viel! Aber was meinst du, was ich erst zu tun habe?« So geht es dann einige Minuten hin und her, während der eine dem anderen zu beweisen versucht, dass er viel gestresster ist als sein Gegenüber. Wie verrückt sind wir eigentlich? Was haben wir nur aus der Welt gemacht, wenn wir schon darüber streiten, wer von uns mehr Stress hat? Was ist das nur für eine Gesellschaft, die den Erfolg danach bemisst, wie viel Stress jemand hat?

ZWEITES MÄRCHEN

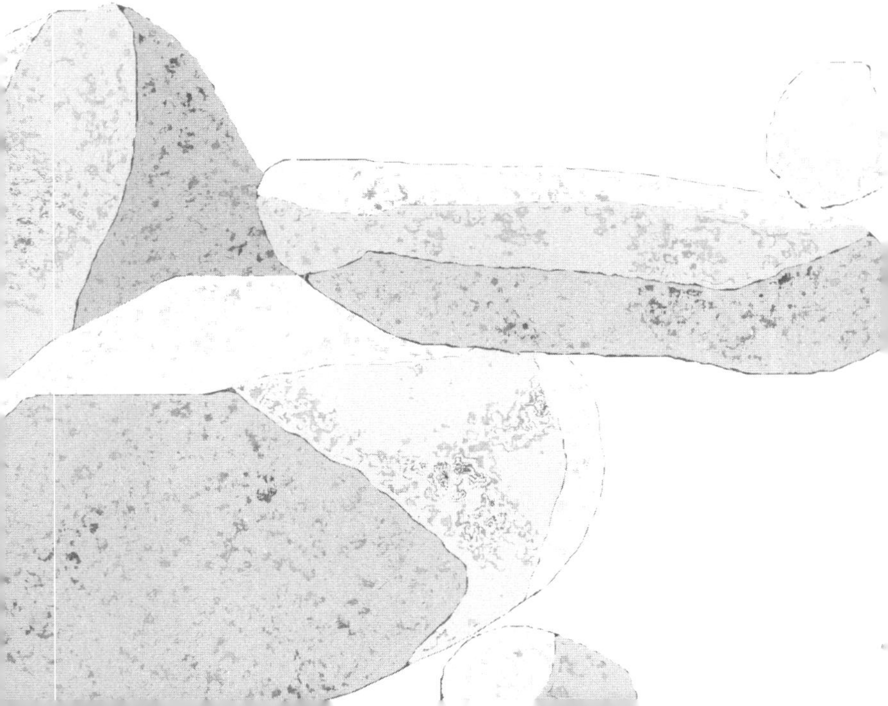

»Stress kann nur der Arzt richtig diagnostizieren und therapieren.«

FALSCH!

Der Arzt behandelt lediglich Symptome, nicht die Ursache. Nur Sie selbst kennen die Gedanken und Gefühle, die Sie unter Stress setzen. Nur Sie ganz allein können sie verändern – schließlich erzeugt niemand anderer Ihre Gedanken und Gefühle. Außerdem fallen diese inneren Zustände nicht einfach vom Himmel, mag es auch manchmal so scheinen. Sobald Sie die Qualität Ihrer Gedanken und Gefühle richtig einzuschätzen lernen, können Sie sich bevorzugt auf jene innere Regungen konzentrieren, die Ihnen wirklich gut tun.

Was denken Sie gerade? Was fühlen Sie im Augenblick? Und welche Qualität haben Ihre momentanen Gedanken und Empfindungen? Wie oft konfrontieren Sie sich mit diesen drei Fragen? Vermutlich eher selten oder sogar nie – weil Sie es nicht gelernt haben. Ein Mensch, der nie hinterfragt: »Was denke oder fühle ich gerade und warum?«, wird sich niemals selbst kennen lernen. Er wird sein Leben lang nicht erfahren, was es bedeutet, sich bewusst für bestimmte Gedanken und Gefühle zu entscheiden. Sicher: Manche Leute behaupten, diese Art der Selbstbefragung komme einer permanenten Nabelschau gleich, einem endlosen narzistischen Um-sich-selbst-Kreisen. Aber das ist falsch. Wer sich jeden Tag ein paar Minuten selbst erforscht, lernt sehr rasch den Puls der eigenen Gefühle kennen. Wenn Sie dies regelmäßig tun, wissen Sie schon bald, wie Sie zu innerer Ruhe finden und Ihre Energien möglichst effizient einsetzen können.

Konsultieren Sie auf jeden Fall einen Arzt, wenn Sie unter Besorgnis erregenden körperlichen Symptomen leiden. Allerdings: Solange Sie Ihre Gedanken und Gefühle nicht verändern, ist jegliche Hoffnung auf einen dauerhaften schmerzfreien Zustand dahin. Denn positive Gedanken und Gefühle können nur Sie selbst erwecken; da helfen alle Pillen und Arzneien nichts. Seien Sie deshalb Ihr eigener Arzt. Fühlen Sie sich selbst auf den Puls. Verschaffen Sie sich Klarheit über Ihre eigenen Gefühle und entscheiden Sie dann, wo es hapert und was Sie besser machen können. Nur so werden Sie die richtigen »inneren« Arzneien und Therapien finden, die Sie von Ihrem Schmerz, also Stress, befreien und Ihre geschundene Seele wieder kurieren.

Um Ihr Denken und Fühlen in die richtigen Bahnen lenken zu können, benötigen Sie spezielle Therapien, die sich ganz anders darstellen als bei körperlichen Erkrankungen. Wer verstanden hat, dass wir uns durch unsere Gedanken und Gefühle selbst unter Stress setzen, für unser Befinden also selbst verantwortlich sind, wird sich ganz von allein mit Meditation, Visualisierungstechniken und den Möglichkeiten des positiven Denkens beschäftigen.

Gedankenlärm

Die meisten von uns denken zu viel. Angeblich schießen dem Durchschnittsmenschen pro Tag etwa 50 000 Gedanken durch den Kopf! Wieso das schädlich ist? Weil unsere Gedanken überwiegend aus Unsicherheit und Sorge um die Zukunft geboren werden. Tatsächlich sind unsere Gedanken sehr oft von Angst getrieben – auch wenn wir uns einbilden, wir würden uns ganz realistisch mit unserer Situation auseinander setzen. Leider verhindert dieses gehetzte Denken, die nötige innere Ruhe und Gelassenheit in unser Leben zu bringen. Ja, es verbraucht nur unnötig Energie und verschüttet den Zugang zu wahrer Erkenntnis. Nur allzu oft ist der Lärm unserer Gedanken so laut, dass wir die Stimme unseres Herzens nicht mehr hören können. Wenn wir sagen: »Darüber muss ich noch mal nachdenken«, heißt dies in Wahrheit: »Ich bin mir nicht sicher.« Doch diese Unsicherheit, dieser Zweifel, kann allzu leicht in Bekümmerung und Angst umschlagen, sodass unsere Energie am Ende vornehmlich in diese Kanäle fließt und für andere Herausforderungen nicht mehr zur Verfügung steht.

DRITTES MÄRCHEN

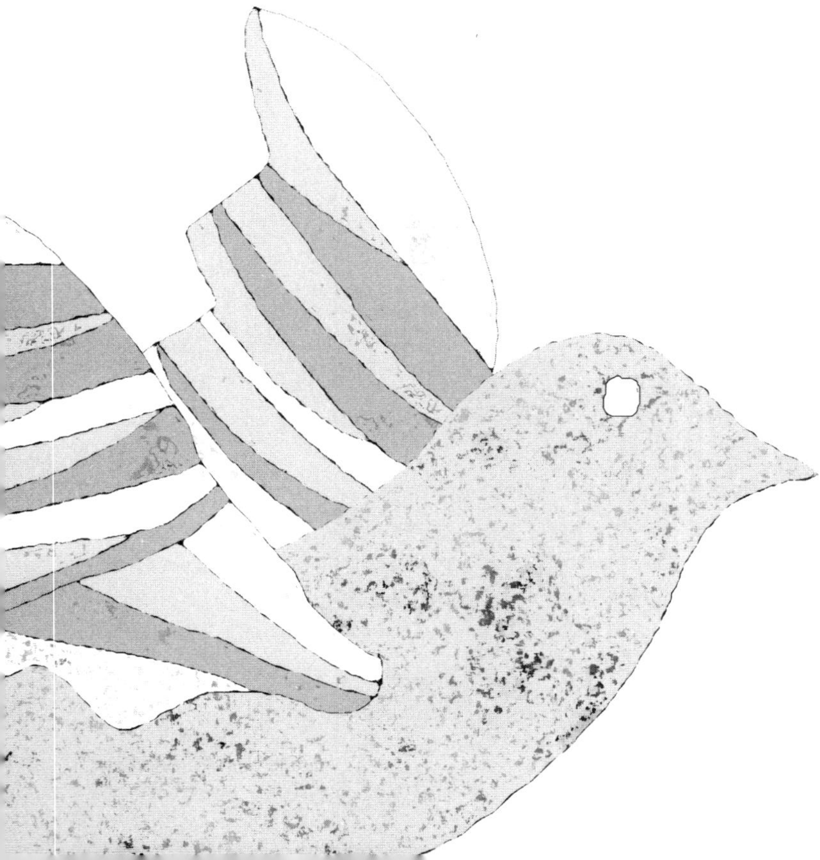

»Stress ist erforderlich, um Spitzenleistungen zu vollbringen.«

UNSINN!

Glauben Sie auch, dass man Menschen unter Stress, also unter Druck setzen muss, damit sie etwas leisten? Ja? Dann liegen Sie völlig falsch. Denn nach dieser Auffassung wäre die Angst unser wichtigster Antrieb. Und diese Angst wiederum verbraucht so viel Energie, schafft eine so starke Anspannung, dass am Schluss sogar unser Körper rebelliert. Stress verursacht Angst und Wut erzeugende Gedanken. Die Folge: Krankheiten, schlechte Leistungen, gestörte zwischenmenschliche Beziehungen. Ebenso bestens bekannt sind die psychosomatischen Auswirkungen: »Verkniffenes« Denken verursacht Muskelverspannungen und Kopfschmerzen. Menschen, die sich von sorgenvollen Gedanken zerfressen lassen, leiden häufig unter Verdauungsstörungen oder einem Magengeschwür. Ein von Angst getriebenes Denken steigert die Herzfrequenz und hat einen überhöhten Adrenalinausstoß zur Folge, während unterdrückte Wut sogar den Ausbruch bestimmter Krebserkrankungen begünstigen kann.

Durch den erhöhten Adrenalinausstoß bewirken Stress und Angst tatsächlich eine gewisse kurzfristige Leistungssteigerung. Wer aber dauerhaft unter solchen Bedingungen lebt und arbeitet, ist am Ende völlig ausgebrannt. Von positivem Stress zu reden, ist deshalb schlicht unsinnig. Allzu bequem macht man es sich, indem man Stress für einen ganz natürlichen Zustand oder als Garant für Spitzenleistungen hält. Diese Auffassungen sind lediglich Ausdruck des eigenen Unwillens darüber, wirklich an sich zu arbeiten. Häufig sind solche Menschen wahre Adrenalinjunkies. Wer also im Umgang mit anderen Menschen und in schwierigen Situationen nur die Alternative sieht, entweder zu attackieren oder zu fliehen – wie zur Zeit des Neandertalers –, sollte schleunigst sein Weltbild überprüfen.

Derartige Reaktionsmuster sind beileibe nicht angeboren, sondern erlernt. Sicher: Sie können kämpfen oder ausreißen; trotzdem bleiben Ihnen in den allermeisten Fällen noch andere Optionen, indem Sie zum Beispiel ruhig stehen bleiben, einfach nur lächeln. Sie könnten sich sogar hinlegen, singen oder tanzen. Weil wir aber gelernt haben, in schwierigen Situationen zunächst einmal mit Angst zu reagieren und entsprechend zu handeln, kommen uns diese anderen Reaktionsmöglichkeiten oft gar nicht in den Sinn. Aufgrund dieser Angst sind wir in unserem Verhaltensmuster gefangen, so gelähmt, dass wir die Vor- und Nachteile der verschiedenen Handlungsalternativen gar nicht erst gegeneinander abwägen, bevor wir schließlich die richtige Entscheidung treffen.

Wir haben Angst gewissermaßen als Normalzustand zu akzeptieren gelernt. Mit ihr glauben wir unsere gesamten Kräfte zu bündeln, die uns bei Bedrohungen stärken sollen. Doch in Wahrheit lähmt die Angst lediglich unsere Fähigkeit, je nach Situation flexibel zu reagieren. Sie bewirkt, dass bereits die kleinste Bedrohung automatisch eine Kette von Reaktionen in uns auslöst. Auch wenn man uns immer wieder das Gegenteil einbläuen möchte: In Wahrheit trägt Angst keineswegs zu unserem Wohlbefinden bei. Selbst wenn plötzlich ein Tiger vor Ihnen stünde, wäre Angst alles andere als eine angemessene Reaktion. Gerade in solchen Situationen ist es wichtig, mit der Ruhe und Konzentration eines Kunstturners und der Kreativität eines Künstlers zu reagieren, um ungeschoren davonzukommen. Ihre Angst löst nämlich nicht etwa der Tiger aus, sondern Ihre Vorstellung von ihm. Überlegen Sie einmal: Wer oder was spielt in Ihrem Leben die Rolle des Tigers? Und wie gehen Sie in Ihrer Vorstellung mit dieser Raubkatze um?

Befreien Sie sich also zunächst von dem Irrglauben, dass Stress nun mal zum Leben gehöre. Denn Stress ist eindeutig schädlich, Stress ist Energieverschwendung, seelische und nicht selten körperliche Selbstverstümmelung. Legen Sie die Gewohnheit ab, sich ständig zu fürchten, und entwickeln Sie eine ganze Palette neuer Reaktionsmuster. Lernen Sie, flexibel zu reagieren: zum Beispiel wenn Sie einen engen Termin haben, sich mit Ihrem Chef auseinander setzen müssen, eine heikle Aufgabe zu bewältigen haben, mit einem schwierigen Menschen zurechtkommen müssen, von jemandem hart angegangen werden – wenn Sie also mit all den Situationen und Erfahrungen konfrontiert werden, die gestern noch Angst in Ihnen hervorgerufen haben. Betrachten Sie solche Situationen fortan als Gelegenheiten, etwas zu lernen, als »Lektionen«, ruhig und kreativ zu handeln. Nutzen Sie diese Situationen, indem Sie die ganze Palette Ihrer Reaktionsmöglichkeiten ausprobieren. Falls Sie jedoch versäumen, Ihre kreativen Fähigkeiten zu entwickeln und Ihre Reaktionen selbst zu kontrollieren, werden Sie sich – wie die meisten – stets als »Opfer« fühlen – das heißt, an der »Viktimitis« erkranken. Wollen Sie das etwa?

Die Kraft des Genies

Das Universum ist pure, größtenteils unsichtbare Energie. Dabei ist jene für uns sichtbare physikalische Energie die schwächste Form dieses gigantischen Potenzials. Sicher: Eine Atombombe erzeugt eine gewaltige Explosion, aber schöpferisch vermag sie nicht zu wirken. Und genau darin liegt Ihre Stärke. Sie sind ein mit Kreativität ausgestattetes, bewusstes Wesen. Das heißt, Sie haben nicht nur das Zeug zum Genie, Sie können die Welt auch positiv beeinflussen. Ob Sie diese Chance ergreifen, liegt ganz bei Ihnen. Solange Sie unter Stress stehen, beeinflussen nicht Sie die Dinge, sondern die Dinge kontrollieren Sie. Ihre inneren Kraftreserven können Sie nur nutzen, wenn Sie unbeirrt das Ziel verfolgen, Ihre ureigenen Stärken zu entwickeln und innerlich Ruhe zu finden. Kreativität und seelische Ausgeglichenheit hängen eng zusammen. Und genau deshalb ist Ihr Seelenfriede Ihr größtes Kraftpotenzial.

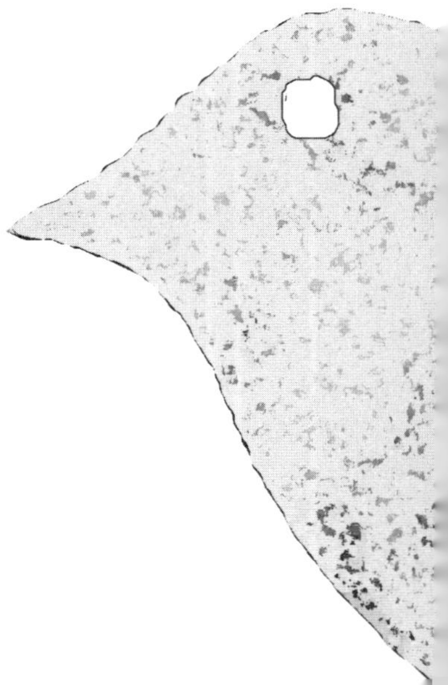

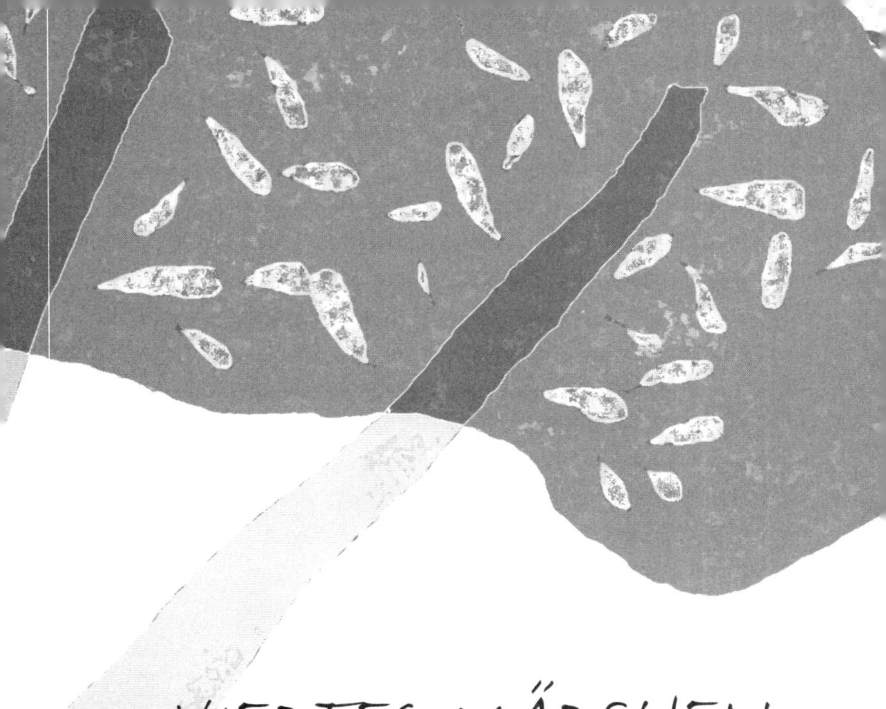

VIERTES MÄRCHEN

»Stress ist lediglich ein körperliches Phänomen. Bereits ein wenig Ruhe und Erholung reichen aus, um sich von solchen Verspannungen zu befreien.«

VÖLLIGER UNSINN!

Stress ist zunächst mal ein ausschließlich seelisches Phänomen: ein Produkt unserer Gedanken und Gefühle. Körperliche Entspannungsübungen mögen dabei helfen, einige der Symptome zu lindern. Sie können aber nicht unser Denken verändern. Doch wir selbst erzeugen den Stress durch unsere Art des Denkens, welches gesteuert wird von unseren tiefsten Überzeugungen.

Die Auffassung, dass Stress primär physische Ursachen habe, hält sich deshalb so hartnäckig, weil wir uns als rein körperliche Wesen verstehen. Deswegen glauben wir, körperliche Entspannung sei bereits ausreichend, um auch innerlich zur Ruhe zu kommen. Doch in Wahrheit verhält es sich genau andersherum: Erst wenn Stille in unseren Geist einkehrt, kann sich auch unser Körper wirklich entspannen. Das heißt nicht, dass wir unseren Körper vernachlässigen sollen, im Gegenteil: Der Körper ist unser Tempel, unser kostbarstes Gefäß, unser Kleid. Hätten wir keinen Körper, könnten wir weder miteinander sprechen noch etwas in der Welt bewirken. Trotzdem kann ich nur jedem raten, sich nicht allein auf die Mittel und Verfahren zu verlassen, die uns gegenwärtig Entspannung verheißen. Schenken Sie lieber Ihren Gedanken und Gefühlen mehr Aufmerksamkeit. Lernen Sie, diese geistigen Prozesse zu steuern, zu besänftigen. Und schon bald können Sie beobachten, wie positiv sich Ihre Persönlichkeit entwickelt. Aber nicht nur das: Es wird sich damit auch ein ganz neues seelisches und körperliches Wohlbefinden einstellen. Eigentlich wissen wir dies intuitiv. Trotzdem lassen wir uns von Presseartikeln und Werbeanzeigen beeinflussen, in denen es heißt: »Tun Sie dies, nehmen Sie das ein, und schon sind Sie Ihren Stress los.« Unsinn! Wären diese Behauptungen wahr, müssten die stressbedingten Leiden in unserer Gesellschaft logischerweise abnehmen – aber das Gegenteil ist der Fall. Wir kaufen und konsumieren heute mehr Dinge als je zuvor; wir unternehmen mehr Reisen; wir entwickeln immer raffinierte Freizeitaktivitäten – und das alles, um endlich Entspannung zu finden. Dabei belegen fast täglich neue Statistiken, dass in unserer Gesellschaft der Stress, die Angst, die Verunsicherung und der Druck am Arbeitsplatz immer mehr zunehmen.

Achten Sie einmal darauf, was Sie tun, wenn Sie abends nach Hause kommen. Sie steuern mit einem Glas oder einer Tasse in der Hand direkt auf das Sofa zu, schnappen sich die Fernbedienung und schalten die Flimmerkiste ein. Beschließen werden Sie den Abend vielleicht mit einem Film à la »Rambo III« – einer neunzigminütigen Stress-, Horror-, Angst-, Wut- und Frustrationsorgie. Und so was nennen wir nun Erholung. Da sieht man mal wieder, wie raffiniert die Werbung ist. Jetzt hat sie uns sogar schon davon überzeugt, dass Reizüberflutung entspannend sei. Ist es nun nicht an der Zeit, aus dieser perversen Illusion zu erwachen?

New Age für ein längeres Leben

Lassen Sie sich nicht einreden, Sie könnten sich nicht verändern oder dürften nicht an Ihrer Persönlichkeit herumdoktern. Tatsächlich verändern Sie sich ohnehin x-mal am Tag. Außerdem ist es nie zu spät, an sich zu arbeiten, die Welt und andere Menschen mit neuen Augen sehen zu lernen und eingeschliffene Reaktionsmuster aufzubrechen. Wie Sie sich entscheiden, liegt ganz bei Ihnen. Entweder Sie wählen den scheinbar bequemeren Weg und leben – wie die meisten Leute – mit dem Schmerz, den wir »Stress« nennen; oder aber Sie lassen sich auf das Abenteuer ein, sich selbst zu entdecken. Dieses Ziel zu verfolgen, ist mehr als eine banale New-Age-Mode. Denn Sie tun zugleich etwas für ein längeres Leben, wenn Sie sich von tief eingegrabenen Gewohnheiten lösen, die nur Schmerzen verursachen. Falls Sie also bei bester Gesundheit ein hohes Alter zu erreichen wünschen, sollten Sie Ihrem Schmerz mit einer kräftigen Dosis Wahrheit zu Leibe rücken, damit der Stress Sie nicht zerstört.

FÜNFTES MÄRCHEN

»Eine Umstellung der Ernährung, ein bisschen joggen und ein guter Urlaub reichen aus, um den Stress zu bekämpfen.«

LEIDER EIN IRRTUM!

Wie die erwähnten körperlichen Entspannungsübungen können natürlich auch eine gesunde Ernährung, sportliche Aktivitäten und ein paar Urlaubstage einige unserer Stresssymptome vorübergehend lindern. Wirkliche Heilung allerdings bewirkt nichts von alledem. Das soll nicht heißen, eine gesunde Ernährung oder ausreichend Bewegung wären überflüssig, im Gegenteil. Aber weder das eine noch das andere wird Sie von Ihrem Stress befreien. Vielleicht erinnern Sie sich noch an den Joggingwahn der 1980er-Jahre. Damals wurde jeder kleine Park als Rennstrecke genutzt. Überall sah man Tausende von sportlich gekleideten Menschen, die mit schmerzverzerrtem Gesicht, schweißtriefend und erbärmlich keuchend dahintrabten, und das alles, um angeblich Entspannung sowie innere Ruhe zu finden. Zwar stellte sich nach dieser Schinderei meist tatsächlich eine gewisse Entspannung ein, aber nur weil die armen Leute nach drei Kilometern fix und fertig waren. Echte Entspannung erlangt man nicht durch Erschöpfung oder Abgeschlafftheit, sondern nur, wenn wir innerlich jederzeit die Ruhe bewahren und »loslassen« können; wenn wir aus Erfahrung wissen, dass mit diesem inneren Zustand automatisch auch körperliches Wohlbefinden einhergeht.

Schon möglich, dass auch im 21. Jahrhundert das Reisen noch ein Abenteuer ist. Auf Reisen lernen wir neue Länder und andere Klimazonen kennen, wir begegnen ganz neuen – mehr oder weniger exotischen – Menschen und erleben bislang unbekannte Gaumengenüsse. Deshalb ist ein solcher Szenenwechsel mitunter genauso wohltuend wie eine Ruhepause. Doch dürfte Ihnen durch dieses Buch inzwischen klar geworden sein, dass es keiner Reise bedarf, um Ruhe zu finden. Entspannen Sie sich hier und jetzt. Ihren inneren Frieden können Sie überall finden. Der innere Friede, für den so mancher um die halbe Welt reist, gehört nämlich zu unserer Grundausstattung. Sie tragen ihn also bereits in sich, wenn Sie irgendwo ankommen. Schließlich ist Ihr Denken, Fühlen und Handeln ja nicht von örtlichen Bedingungen abhängig. Dies alles unterliegt Ihrem eigenen Ermessen.

Vielleicht denken Sie jetzt: »Und was spricht dagegen, dass ich mich auf Partys amüsiere, Sport treibe oder es mir in meiner Freizeit auf dem Sofa bequem mache?« Ein Mensch, der weiß, worauf es wirklich ankommt, muss sein Glück nicht auf Partys suchen. Wer ständig Ablenkung braucht: auf Veranstaltungen herumlungert, sich zwanghaft sportlich betätigt, vor dem Fernseher abhängt oder auf dem Sportplatz dem Ball hinterherhechelt, drückt sich nur davor, in seinem Inneren für »Ordnung« zu sorgen. Genießen Sie Ihre Freizeitaktivitäten, treiben Sie Sport, besuchen Sie Partys, doch erwarten Sie nicht, dass Sie dadurch von Ihrem Stress befreit oder Ihnen ein Gefühl echter Zufriedenheit zuteil würde. Mag es auch für ein wenig Linderung sorgen, Ihnen kurzzeitig ein Hochgefühl verschaffen, das Ihnen wie das wahre Glück erscheint, so ist dies doch nur eine Illusion. Wahrscheinlich ahnen Sie das schon seit längerem, haben es aber bislang tunlichst verdrängt.

Womöglich passt Ihnen diese schlichte Wahrheit nicht in den Kram und Sie denken: »So ein Unsinn!« Ganz wie Sie meinen. Aber vielleicht sollten Sie sich trotzdem mal die Frage stellen, wieso Sie diesen Gedanken so vehement ablehnen. Möglicherweise möchten Sie sich ja durch Ihre Partysucht und Ihren sportlichen Aktivismus vor einer dumpf empfundenen Bedrohung schützen. Haben Sie schon einmal darüber nachgedacht? Oder wie erklären Sie sich sonst, dass wir heutzutage mehr denn je unter Stress leiden trotz eines Überangebots an entsprechenden Mitteln und Therapien? Ganz einfach: weil all diese Wundermittel und -kuren nur das eigentliche Problem verdrängen. Ja, sie helfen uns auf der Flucht vor der Notwendigkeit, für unsere eigenen Gedanken und Gefühle die Verantwortung zu übernehmen. Alles, was uns widerfährt – ja, unser ganzes Schicksal –, hat seinen Ursprung in unserem Kopf. Tut mir Leid, dass ich mich in diesem Punkt ständig wiederhole. Aber auch ich selbst habe lange gebraucht, um diese Wahrheit zu begreifen. Auch ich musste zunächst viele Hundert Male über diesen Satz – in all seinen Varianten – stolpern, bevor mir schließlich ein Licht aufgegangen ist.

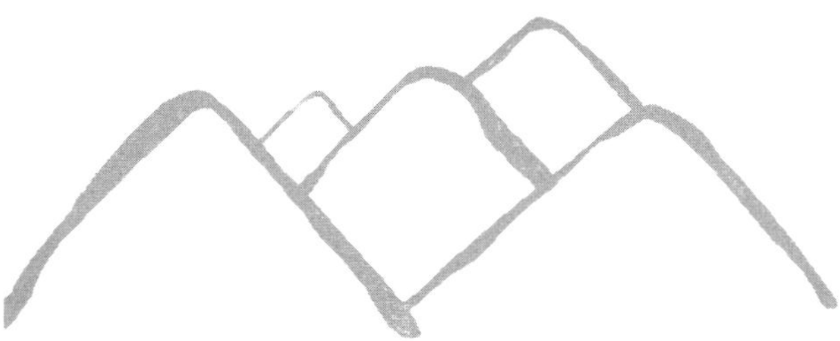

Gönnen Sie sich gelegentlich einen Tag der Besinnung

Früher war das Jahr in einen Reigen von Fest- oder Feiertagen eingeteilt. Fernab der Gesetze des Alltags widmete man sich in dieser Zeit ganz der Ruhe und Besinnung. Solche Tage waren nicht dazu da, einen draufzumachen, im Bett herumzulümmeln oder schlicht abzuhängen. Vielmehr konnte sich jeder Einzelne mit sich selbst und dem eigenen Lebenssinn befassen, jenen Frieden in sich finden, der uns im Lärm des Alltags nur allzu häufig abhanden kommt. Tatsächlich dienen diese Tage dazu, dass wir unsere spirituellen Batterien neu aufladen und darüber nachdenken, wo wir im Leben stehen. Wissen Sie eigentlich, was es heißt, mit sich selbst völlig im Einklang zu sein? Ist Ihnen wirklich bewusst, wo Sie im Leben stehen und was den Sinn Ihres Daseins ausmacht? Nur die wenigsten können diese Fragen positiv beantworten. Hier mein Tipp: Gönnen Sie sich wenigstens zweimal im Jahr einen Tag der Besinnung, eine spirituelle Auszeit. Dazu brauchen Sie nicht einer der traditionellen Religionsgemeinschaften anzugehören. Wichtig sind nur die spirituellen Einsichten, die Sie an einem solchen Tag der Besinnung gewinnen.

SECHSTES MÄRCHEN

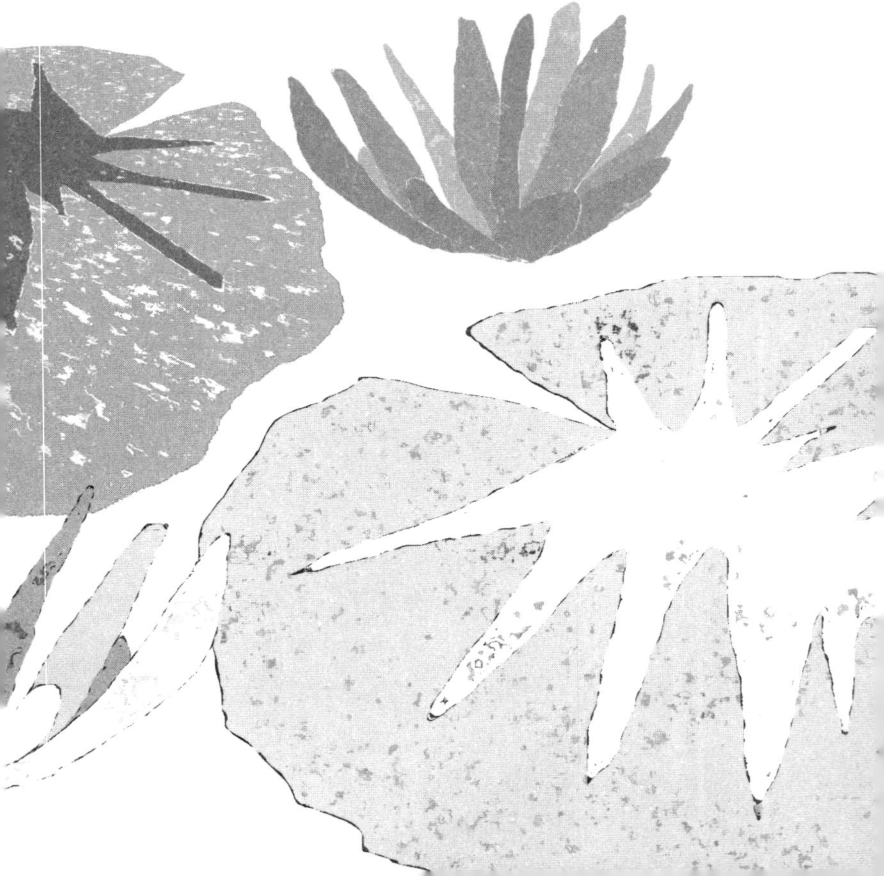

»Echten Stress haben nur Leute, die vierzehn Stunden am Tag unter Hochdruck arbeiten.«

KEINESWEGS!

Manche Menschen arbeiten nur ein paar Stunden am Tag, und das ohne enge Terminvorgaben. Trotzdem können sie mehr unter Stress leiden als jene, die pausenlos unter zeitlichem Druck schuften müssen. Unser Stress hängt nicht davon ab, was wir in welcher Zeitspanne zu erledigen haben. Unser Leiden bemisst sich danach, wie wir eine Tätigkeit und die damit verbundenen Umstände bewerten. Stress ist also eine Frage der Wahrnehmung.

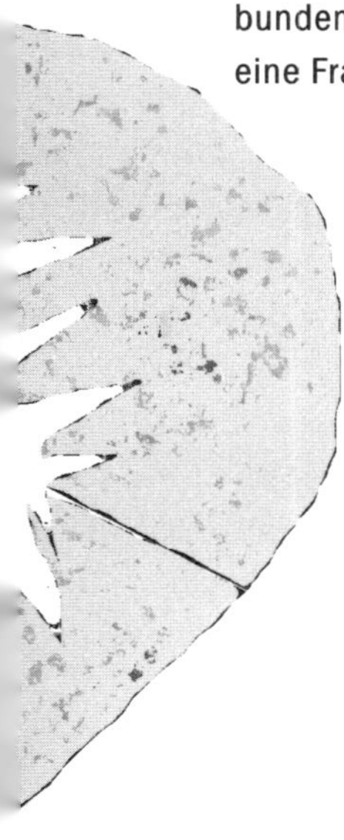

Haben Sie je zwei Menschen beobachtet, die unter gleichen Terminvorgaben eine ganz ähnliche Aufgabe zu lösen hatten? Der eine rauft sich vor Angst die Haare. Für den anderen ist der Job ein Kinderspiel. Was erklärt diesen Unterschied? Die Wahrnehmung, also die Art und Weise, wie die beiden ihr Tun und das voraussichtliche Resultat ihrer Arbeit einschätzen. Diese Wahrnehmung wiederum hängt davon ab, wie wir die Welt und uns selbst im Grunde unseres Herzens sehen. Glauben Sie, dass Ihr Glück von jeder Arbeit abhängt, die Sie gerade verrichten? Meinen Sie, Ihr Chef wird Sie sofort feuern, wenn Sie mal einen Termin verpatzen? Oder hat er gar das Recht, Sie anzubrüllen, sobald Sie einen Fehler machen? Ja? Dann stehen Sie natürlich ständig unter Stress, und zwar ganz unabhängig davon, was Sie gerade tun. Wenn Sie hingegen an sich selbst glauben; wenn Sie davon überzeugt sind, dass Sie Herr im eigenen Haus sind; wenn Sie völlig sicher sind, dass niemand Sie ohne Ihre Zustimmung verletzen kann; wenn Sie sich durch einen geplatzten Termin oder dergleichen nicht aus der Fassung bringen und verunsichern lassen, dann haben Sie einen immensen Vorteil: Sie können sich jederzeit entspannen, und zwar ganz unabhängig davon, wo Sie sich gerade aufhalten oder wie drängend Ihre Termine sein mögen. Außerdem machen Sie unter solchen Bedingungen deutlich weniger Fehler als jemand, der pausenlos Panik schiebt.

Sind Sie bereit, Ihre negativen Überzeugungen infrage zu stellen? Wissen Sie nämlich, was Sie festhalten lässt an Ihren alten Stress verursachenden Denk- und Verhaltensmustern? Es sind weder »die anderen« noch die Gesellschaft oder die schlechten Karten, die das Leben Ihnen zugeteilt hat. Nein, sondern Ihre eigenen Überzeugungen. Wenn Sie diese Überzeugungen verändern, verwandelt sich alles andere automatisch mit.

Ihre Überzeugungen sind kein Bestandteil Ihrer genetischen Ausstattung, sondern angelernt. Sobald wir sie uns zu Eigen gemacht haben, schieben wir sie in unser Unterbewusstsein. Dort spuken sie fortan in unseren Gedanken und Gefühlen herum, alles beeinflussend, was wir empfinden oder tun. Schlimmer noch: Wir haben nämlich nicht nur Überzeugungen, wir *identifizieren* uns auch noch mit ihnen. Ja, manche Menschen sind für solche Überzeugungen sogar zum Töten oder Sterben bereit. Wie absurd! Denn die uns durchdringenden Glaubenssätze sind alles andere als absolute Wahrheiten. Im Übrigen gibt es ohnehin nichts, wofür es sich zu sterben lohnte. Möglich, dass Sie diese Ansicht nicht teilen. Kein Problem. Ich verfolge hier schließlich nicht die Absicht, Sie von irgendetwas überzeugen zu wollen. Selbstverständlich steht es Ihnen frei, mir kein einziges Wort zu glauben.

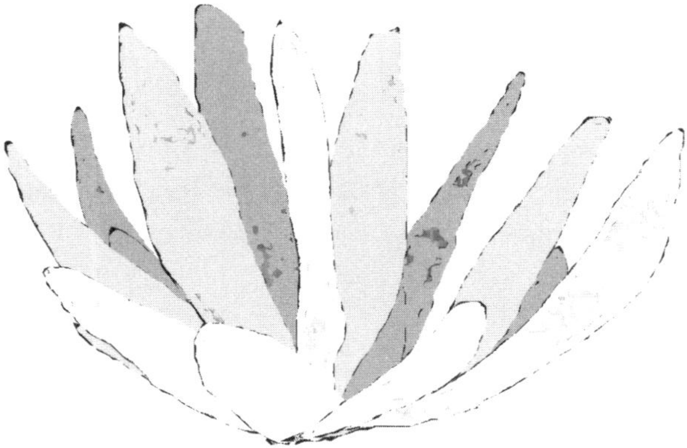

Das Rätsel der Zeit

Die Uhr an der Wand verkörpert nicht etwa die Zeit, sie ist lediglich ein Symbol für den Fluss der menschlichen Erfahrung. Sie ist also nicht Ihr Gebieter, sondern Ihre eigene Kreation. Sie können weder Zeit sparen noch verlieren. Sie können sie auch nicht beschleunigen – außer aber in dieser Hinsicht: Denn Sie SIND Zeit. Zeit ist Leben, und Sie sind Leben. Sie selbst sind der Fluss der Zeit. Passen Sie deshalb auf, wie Sie mit diesem Geschenk umgehen. Achten Sie darauf, dass Ihnen niemand dieses Geschenk entreißt. Nehmen Sie sich die großen Weisen und ihren Umgang mit der Zeit zum Vorbild. Sie können zwar keine Zeit verlieren, sie wohl aber verschwenden. Sie können zwar die Zeit nicht kontrollieren, wohl aber Gutes tun. Fangen Sie damit bei sich selbst an. Sie brauchen dazu nur eines: Wachsamkeit – einen hellwachen Blick auf alles, was in Ihnen vorgeht. Dann stellt sich Weisheit ganz von alleine ein.

SIEBTES MÄRCHEN

»Für unseren Stress sind vor allem andere Menschen und die Umstände verantwortlich.«

NEIN, SIND SIE NICHT!

Dieses außerordentlich beliebte Märchen ist typisch für die klassische Opferhaltung. Denn die Stressursache gründet vor allem darin, wie wir auf Ereignisse und andere Menschen reagieren. Stress-Management ist in Wahrheit Selbst-Management. Wenn Sie jemand anderem die Schuld für Ihren Stress geben, täuschen Sie sich lediglich darüber hinweg, dass einzig Sie selbst für Ihr Denken, Fühlen und Tun verantwortlich sind. Mit anderen Worten: Sie behaupten indirekt, jemand anderer könnte Ihr Leben für Sie leben.

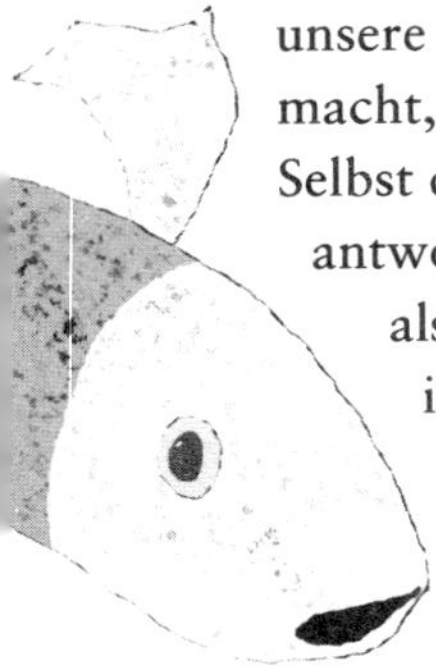

Dieses Märchen oder Truggebilde ist deshalb so populär, weil unsere ganze Gesellschaft meist andere dafür verantwortlich macht, was wir empfinden und was uns im Leben widerfährt. Selbst die politischen Führer ganzer Nationen suchen die Verantwortung für ihre Gefühle bei den anderen. Sie stellen sich als Opfer dar und demonstrieren damit, wie wenig sie Herr ihrer selbst sind. Achten Sie im Gespräch mit Ihrer Familie, Ihren Freunden oder Kollegen einmal darauf, wie oft Sie selbst direkt oder indirekt sagen: »Mit mir kann man es ja machen« oder: »Mir geht es total schlecht, weil der und der dies oder jenes getan hat, weil mein Job so schrecklich ist etc.«

Echtes Stress- oder Selbst-Management setzt voraus, dass wir selbst für unsere negativen Gefühle sowie Gedanken voll und ganz geradestehen. Echtes Stress- oder Selbst-Management fordert von uns eine aktive Reaktion auf alles, was uns »widerfährt«. Nicht der verspätete Zug oder der Kratzer am Auto ist also schuld an Ihrer miesen Stimmung, sondern die Art und Weise, wie Sie solche Situationen innerlich bewerten. Reagieren Sie auf solche Dinge mit Stress, zeigt dies nur: Sie benutzen Ihr Auto, um Ihr Selbstwertgefühl zu steigern, oder Sie brauchen die Bewunderung anderer, um sich selbst zu achten. Diese Reaktionsmuster, die wir bereits in ganz jungen Jahren erlernen, können uns ein Leben lang quälen – wenn wir nichts dagegen unternehmen. Deshalb: Machen Sie Ihr Selbstwertgefühl oder Ihre Selbstachtung nie von Äußerlichkeiten abhängig!

Für die eigenen Reaktionen Verantwortung übernehmen, stets Fassung und innere Ruhe bewahren, unter allen Umständen eine positive Einstellung an den Tag legen: All das zeichnet den klugen Menschen in einer weithin konfusen Welt aus. Alle, die diese

Eigenschaften in sich zu kultivieren wünschen, müssen sich zunächst allerdings neu programmieren. Nur wer sich auf die intensive Auseinandersetzung mit den Gesetzmäßigkeiten unserer Psyche einlässt, kann lernen, stets ruhig und gelassen zu bleiben, statt – wie die meisten Leute – innerlich in permanentem Aufruhr zu leben. Ebenso wichtig ist die Kontrolle über das eigene Denken. Wir müssen den Mut aufbringen, unsere Überzeugungen auf den Prüfstand zu stellen und die Welt mit neuen Augen zu sehen. Sobald Sie begreifen: Nicht die anderen, sondern Sie selbst fügen sich die schmerzlichsten Verletzungen zu, haben Sie bereits den entscheidenden Schritt getan. Jetzt müssen Sie sich nur noch abgewöhnen, immer die anderen für Ihre Schmerzen verantwortlich zu machen.

Die anderen sind nie das Problem! Wenn Sie das wirklich verinnerlichen, zerreißen Sie den Schleier vor Ihren Augen. Und plötzlich sind Sie hellwach: ein freier Mensch.

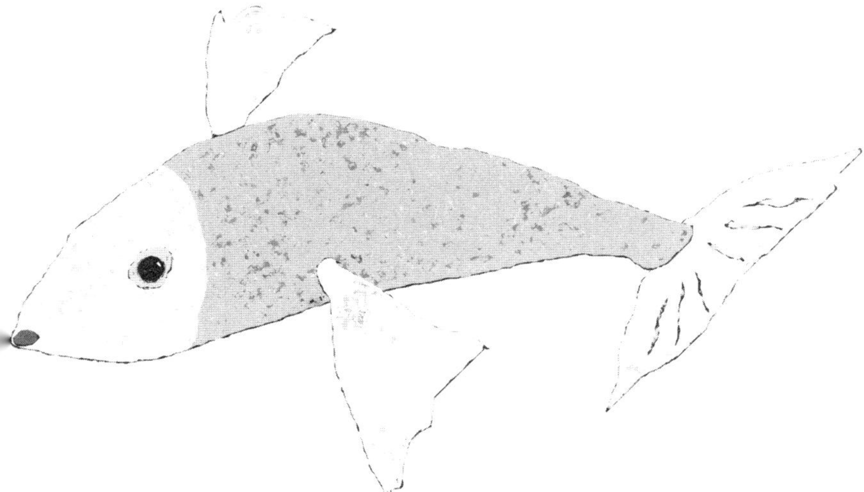

Die anderen befinden sich stets an zwei Orten gleichzeitig: Sie sind »dort draußen«, aber auch »hier drinnen«, nämlich in Ihrem Kopf. Packt Sie die Wut auf jemanden »dort draußen«, sind nicht nur Sie der Erste, der darunter zu leiden hat – nein, Sie sind vielmehr wütend auf sich selbst. Im Grunde genommen könnten Sie sich genauso gut selbst ein Messer in den Leib stoßen. Würden Sie so etwas freiwillig tun? Lassen Sie sich also nie dazu hinreißen, wütend zu werden – niemals! Und falls es doch einmal passiert, was eigentlich ganz normal ist, dürfen Sie sich dieses »Versagen« auf keinen Fall selbst verübeln. Gegen Wut helfen nämlich nur Großzügigkeit und Liebe. Sie finden beides in Ihrem Herzen, wenn Sie nur richtig hinschauen. Sie müssen dazu lediglich innehalten und aufmerksam in sich hineinlauschen. Fragen Sie einfach jemanden, der auf diesem Gebiet schon Erfahrung hat, und lassen Sie sich erklären, was zu tun ist. Noch besser wäre allerdings, Sie würden das Meditieren lernen. Denn das ist das eigentliche Ziel jeder Meditation, solche Gefühle zu erkennen und zu besänftigen.

ZWEITER TEIL

WEISHEIT UND WAHRHEIT

DIE SIEBEN STUFEN DER SELBSTERKENNTNIS

Was Sie unbedingt wissen sollten

Sie können ein Leben lang mit dem Auto herumfahren, ohne zu wissen, wie man einen defekten Motor repariert. Damit der Wagen aber wieder läuft, sind Sie auf die Hilfe anderer angewiesen. Falls Sie einmal in eine solche Situation geraten, denken Sie wahrscheinlich: »Oh Gott, wenn ich doch nur wüsste, wie die Kiste funktioniert …« Schon mal erlebt? Allerdings dürfte Gott Ihnen kaum den Gefallen tun, einen Automechaniker vorbeizuschicken.

Ganz ähnlich verhält es sich mit Ihrem SELBST. Sie wissen nicht, wer Sie sind und wie Sie funktionieren. Was sollen Sie also tun, wenn einmal Sand ins Getriebe gerät? Wie bereits erläutert bedeuten Stress-Symptome und seelische Schmerzen, dass der Motor Ihres Bewusstseins irgendwie Schaden genommen hat. Wir sprechen hier nicht über körperliche Beschwerden. Wenn Sie unter gesundheitlichen Problemen leiden, suchen Sie bitte umgehend den Arzt auf. Aber selbst bei physischen Wehwehchen wissen Sie im Grunde genau – zumindest wenn Sie sich über diese Dinge schon mal Gedanken gemacht haben: Die wahre Ursache Ihrer körperlichen Erkrankung ist in Ihrer Psyche, Ihrer geistig-seelischen Verfassung, Ihrem Gefühlsleben zu suchen. Ihr emotionaler Zustand wiederum hängt ganz entscheidend von jenen grundlegenden Überzeugungen ab, die tief in Ihrem Unterbewusstsein verankert sind. Falls also wieder mal eine Reparatur fällig ist, sollten Sie wissen, was es mit Ihrer Seele, Ihrem Geist, Ihrem Empfindungsleben und Ihrem Körper auf sich hat.

Wenn wir das Leben erfolgreich meistern wollen, müssen wir – bildlich gesprochen – wieder die Schulbank drücken. Natürlich nicht die unserer Kindheit, sondern indem wir uns Klarheit über uns selbst verschaffen. In der Tat müssen wir uns gründlich mit jenen Fragen auseinander setzen, die in der Schule nie behandelt wurden. Erklären Sie sich also bereit, wie ein Abc-Schütze ganz von vorne anzufangen? Sind Sie bescheiden genug für das Eingeständnis, noch sehr viel lernen zu müssen? Möchten Sie jene Mechanismen Ihres eigenen Bewusstseins kennen lernen, die den Gang Ihres Lebens bestimmen? Falls Sie bereit und willens sind, ein Leben lang zu lernen, werden Sie feststellen: Richtiges Lernen hat nur wenig oder sogar überhaupt nichts mit dem Einprägen irgendwelcher Dinge zu tun. Die entscheidenden Lektionen des Lebens bleiben ohnehin in unserem Gedächtnis haften, auch ohne unser Dazutun. Deshalb bereitet echtes Lernen auch viel Freude; es schärft unsere inneren sowie äußeren Sinne. Entschließen Sie sich also dazu, noch einmal die Schulbank zu drücken, werden Sie bald feststellen, dass das Leben selbst Ihre Schule ist, jeder Tag eine Lektion, dass es in Ihrer Umgebung von Lehrkräften nur so wimmelt und Sie aus jedem Zusammentreffen mit anderen Menschen etwas lernen können.

Sie können zwar unendlich viel Nützliches über sich selbst erfahren, doch manches davon wird Ihnen nicht unmittelbar weiterhelfen. Es gibt aber sieben Stufen der Selbsterkenntnis, von denen Sie sofort profitieren können und die sich direkt auf Ihr Wohlbefinden auswirken. Jede einzelne Erkenntnis hilft Ihnen dabei zu begreifen, wie und warum Sie sich selbst Schmerzen zufügen, wie Sie Ihre Probleme selbst in Ordnung bringen können, ohne therapeutische Hilfe in Anspruch zu nehmen.

Noch ein kurzer Hinweis

Manche Menschen nehmen ihren Stress kaum noch wahr. Sie leiden schon so lange unter ihren Schmerzen, dass sie diesen Zustand als völlig normal, ja sogar als hilfreich erachten. Einige von ihnen sind bereits schier süchtig danach. Dabei wollen uns bestimmte Gefühle beziehungsweise Schmerzzustände sagen, was wir wissen und tun müssen, um ein anderes – besseres – Leben führen zu können. Dazu gehören Wut, Reizbarkeit, Frustration, Zorn, Ängstlichkeit, Angespanntheit, Furcht, Panik, Trauer, Melancholie, Depressivität, Hoffnungslosigkeit, Hilflosigkeit und Bekümmerung. Uns wurde stets eingeredet, dass solche Gefühle nun mal zum Leben gehören. Doch das ist Unsinn! Vielmehr müssen wir uns mit ihnen versöhnen und – noch wichtiger – herausfinden, was wir tun können, damit sie erst gar nicht entstehen.

ERSTE STUFE DER SELBSTERKENNTNIS

Ihre Identität

SIE SIND NICHT, WAS DIE ANDEREN IHNEN SUGGERIEREN!

Hier haben wir es mit der tiefsten und wichtigsten der erwähnten Stufen der Selbsterkenntnis zu tun. Wirklich wertvoll wird diese Erkenntnis allerdings nur dann für Sie sein, wenn Sie nicht leichtfertig darüber hinweggehen. Also lesen Sie diesen Satz zwanzigmal am Tag. Denken Sie darüber nach. Zweifeln Sie seine Richtigkeit an. Beziehen Sie ihn in Ihre Meditation mit ein. Überprüfen Sie die Stimmigkeit dieser Erkenntnis in sich selbst. Und wenn Sie es zulassen, wird diese Einsicht Ihr ganzes Leben verändern. Sind Sie dazu bereit? Sitzen Sie bequem? Dann beginnen Sie!

Wenn Sie morgens im Bad Ihr Spiegelbild betrachten, sehen Sie nicht sich selbst, sondern lediglich Ihren Körper. Wann immer Sie sich mit Ihrem Körper identifizieren, erkennen Sie nur, dass Sie älter und hässlicher werden und am Ende sterben. Mag dies auch für Ihren Körper stimmen, für SIE SELBST gilt es nicht. Wenn Sie jedoch an dieser Wahrheit zweifeln, reagieren Sie entsprechend – und schon hat der Same der Angst Wurzeln in Ihnen geschlagen. Wie bereits erläutert wird jede Form von Stress durch Angst ausgelöst. Und die wiederum wurzelt in Todes- sowie Verlustangst oder in der Befürchtung, dass es demnächst mit dem schönen Leben vorbei sein wird. Dies alles hat letzten Endes nur mit einem zu tun: dem Tod. 99,9 Prozent der Menschen durchleben Stress- beziehungsweise Angstmomente, weil uns zehntausendmal eingehämmert wurde, dass wir körperliche Wesen seien, sonst nichts. Doch nur die wenigsten unserer Annahmen und Überzeugungen entsprechen tatsächlich der Wahrheit. Aber wir brauchen die Wahrheit, um ebendiese Annahmen und Überzeugungen als falsch zu erkennen. Nur die Wahrheit kann Sie von Angst, also von Stress befreien.

Die Wahrheit ist: Sie sind nicht identisch mit dem Körper in Ihrem Spiegelbild, sondern weit mehr. Sie sind eine Seele, Sie sind Geist. Sie haben nicht etwa irgendwo in Ihrem Körper eine Seele oder einen Geist sitzen, Sie SIND eine Seele. Sie selbst sind diese Seele! Und diese Seele ist sich ihrer selbst bewusst. Seele, Selbst, Geist, Bewusstsein: Dies alles bezeichnet ein und dasselbe. Sie sind nicht der Körper, er ist nur Ihre Wohnung, und Sie sind der Bewohner. Sie erst beleben den Körper. Er ist Ihr Fahrzeug, Ihr Tempel. Niemand kann Sie zerschneiden, verbrennen, ertränken oder erschießen. Ihren Körper sehr wohl – aber nicht SIE. Die Wissenschaft vermag nichts über die Seele auszusagen, da sie sich nicht in ein Reagenzglas bannen lässt. Deshalb sollten Sie nicht einfach glauben, was Sie überall (nicht zuletzt in diesem Buch!) lesen oder hören. Überprüfen Sie solche Aussagen erst an sich selbst. Verfahren Sie ebenso mit der hier vorgetragenen Argumentation. Gelangen Sie dabei zu dem Schluss, dass meine Aussage mit der Realität übereinstimmt, können Sie sie als wahr akzeptieren. Glaubenssätze an sich sind noch keine Wahrheiten. Erkennen lässt sich die Wahrheit nur durch Erfahrung, wobei das Wort »Erfahrung« hier nicht auf einen äußeren, sondern auf einen inneren Vorgang zielt. Lenken Sie Ihre Aufmerksamkeit von der äußeren Welt ab und richten Sie sie nach innen. Am Anfang genügt es, sich einige Minuten am Tag zu besinnen, bis Sie sich allmählich an diese Praxis gewöhnen. Und so gehen Sie dabei vor:

Stellen Sie sich vor: Sie sind ein – sich seiner selbst bewusster – spiritueller Lichtpunkt, der sich ein wenig hinter und oberhalb der Augen in Ihrem Kopf befindet. Ihr Körper ist lediglich Ihr Fahrzeug, Ihr Tempel, Ihr Kleid. Wenn Sie regelmäßig über diesen Gedanken meditieren, wird sich Ihnen sein Wahrheitsgehalt nach einiger Zeit ganz plötzlich erschließen. Ja, Sie werden jenseits der eigenen Gedanken (mit denen Sie nicht identisch sind) Ihren Wesenskern erkennen, enthoben von jeglicher Geschwätzigkeit. Sie werden sich als nicht körperliches Wesen erleben, als ein ewiges Wesen, das dem Tod nicht unterworfen ist. Deswegen gibt es keinen Grund, sich zu fürchten. Je mehr diese Wahrheit Ihr Alltagsbewusstsein durchdringt, desto weniger ängstlich, unsicher, hilflos, abhängig und ohnmächtig werden Sie sich fühlen. Langsam, aber sicher macht sich dann Ruhe und Entspannung in Ihnen breit, egal in welcher Lebenslage. Sie werden darauf vertrauen, dass Sie über die nötigen Kräfte und Fähigkeiten verfügen, um die Herausforderungen des Lebens zu bestehen.

In Wahrheit haben Sie dies alles längst gewusst und nur vergessen. Deshalb halten Sie sich – wenn es sein muss hundertmal am Tag – vor Augen: Sie sind nicht identisch mit Ihrem Namen, Ihrer beruflichen oder gesellschaftlichen Stellung, Ihrer Nationalität oder Ihrem Glaubenssystem. Bei alledem handelt es sich lediglich um Etiketten und Rollen, die nichts mit Ihrer Identität zu tun haben. Ja, Sie sind nicht einmal definitiv männlich oder weiblich. Begreifen Sie sich vielmehr als reines Menschsein – als Geist, nicht Materie, als Seele, nicht Körper. Auch mit Ihren Gedanken und Gefühlen sind Sie nicht identisch. Sobald Sie das verinnerlichen, wird sich ganz von selbst eine große Wandlung in Ihnen vollziehen. Unversehens lösen sich Ihre Probleme auf, und Sie sind von einem großen Glücksgefühl und vollkommenem Frieden erfüllt.

Lebend sterben

In einem alten buddhistischen Weisheitsspruch heißt es: »Wenn du stirbst, bevor du stirbst, wirst du nicht sterben, wenn du stirbst.« Das bedeutet schlicht: Wer aufhört, sich mit Dingen außerhalb des eigenen Wesenskerns zu identifizieren, erstirbt für die Welt des Scheins. Er verabschiedet sich von der Illusion, mit einem bestimmten Körper, einer Nationalität, einem bürgerlichen Beruf, einem sozialen oder materiellen Status identisch zu sein. Erst wenn Ihnen dies gelingt, erblühen Sie zu vollem Leben, zu echter Bewusstheit – und werden intuitiv erfahren, wer Sie wirklich sind. Die Kunst des Loslassens ist ein ungemein wirkungsvolles Verfahren, innerlich frei zu werden und Frieden zu finden.

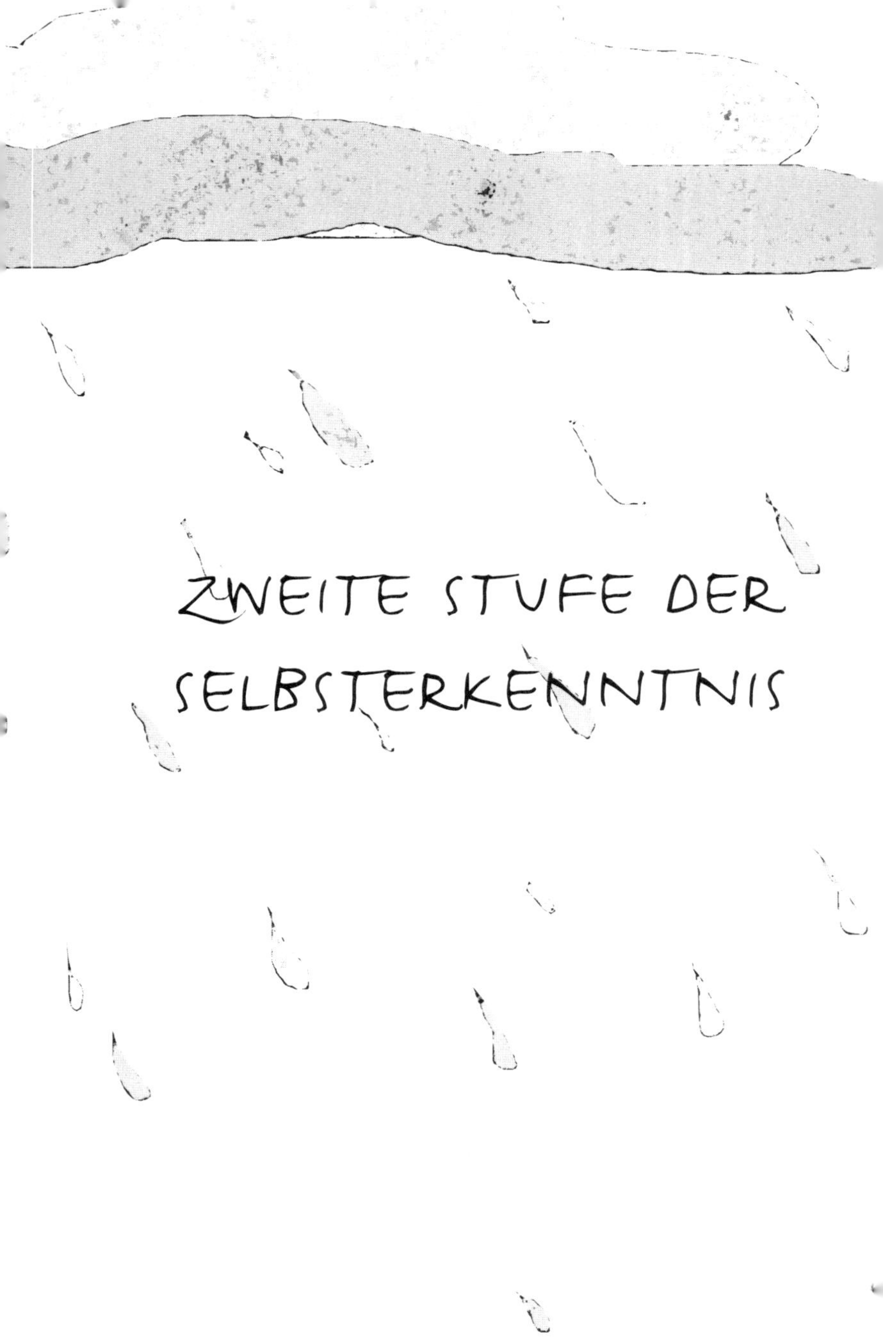

ZWEITE STUFE DER SELBSTERKENNTNIS

Ihr wahres Wesen

SIE SIND EINFACH WUNDERVOLL, AUCH WENN SICH IHNEN DIESE SCHÖNHEIT ZU HAUSE IM SPIEGEL VIELLEICHT NICHT AUFDRÄNGT.

Es ist völlig egal, ob Sie sich für attraktiv halten oder nicht. Wahre Schönheit lässt sich weder anfassen noch mit bloßem Auge erkennen. Wahre Schönheit sehen und berühren Sie jedoch, wenn Sie des Friedens in Ihrem Herzen inne werden. Wahre Schönheit erleben Sie aber auch, wenn Sie aus Liebe geben, ohne eine Gegenleistung zu erwarten. Wahre Schönheit finden Sie in Ihrem Inneren – jedoch nur wenn Sie mit sich selbst und Ihrem Leben zufrieden sind, ohne dazu äußerer Stimulierungen zu bedürfen. Denn nur die innere Schönheit ist von Bestand.

Wut und Hass, Angst und Niedergeschlagenheit sind unserem innersten Wesen eigentlich fremd. Auf unserem Weg durchs Leben erlernen wir diese Gefühlszustände unter dem Einfluss unserer Mitmenschen und der Gesellschaft insgesamt. Klingt das für Sie einleuchtend? Dann meditieren Sie einmal darüber und richten Sie dabei Ihr Augenmerk auf jene Eigenschaften, die Ihren wahren Wesenskern ausmachen. Und Sie werden entdecken, dass innerer Friede, wahre (also nicht etwa romantische) Liebe und echtes Glück völlig unabhängig sind von allen äußeren Einflüssen und Bedingungen. Ja, Sie sind eine schöne, mächtige Seele – schon immer gewesen, nur ist es Ihnen irgendwann entfallen. Sie haben Ihr wahres Selbst, Ihre innere Schönheit aus den Augen verloren. Bemerkungen über Ihren Körper wie zum Beispiel: »Mein Gott, so ein groß gewachsener, attraktiver Junge« oder: »Hat Sie nicht eine super Figur?«, hielten Sie für bare Münze. Vielleicht haben Sie es in solchen Augenblicken gar genossen, mit Ihrem Körper identisch zu sein. Und so sind Sie der verlockenden Illusion aufgesessen, dass Schönheit lediglich ein körperlicher Vorzug sei. Ja, Sie sind dem Irrtum verfallen, Ihr Selbstwertgefühl von Ihrer äußerlichen Erscheinung abhängig zu machen.

Aber auch die Reaktionen der anderen auf Ihre Persönlichkeit und Ihr Verhalten haben den Blick für Ihr wahres Selbst und Ihre innere Schönheit getrübt. Irgendwann bemerkten Sie, dass Sie mit Ihrem Witz die Bewunderung oder mit Ihrem zurückhaltenden Wesen die Sympathie der Menschen gewinnen können. Plötzlich erkannten Sie, Ihre Aggressivität schüchtert andere ein. Und schließlich haben Sie um diese Stärken und Schwächen herum Ihr Selbstbild aufgebaut.

Nehmen Sie sich die Zeit und halten Sie einmal kurz inne. Versuchen Sie sich daran zu erinnern, innerlich zu erschauen und zu erkennen, wer Sie wirklich sind. Nur so werden Sie Ihr wahres – friedfertiges, liebevolles, selbstgenügsames und außerordentlich mächtiges – Wesen wieder entdecken. Jeder Mensch ist im Besitz dieser inneren Schätze – egal, was er denkt, glaubt, tut oder früher getan hat. Diese Merkmale bilden unseren Wesenskern; sie sind die natürliche Mitgift unseres Selbst, und das gilt ausnahmslos für jeden Menschen! Wir alle suchen ein Leben lang nach diesen Schätzen, die es freilich nicht in jedem Laden zu kaufen gibt. Man kann sie nicht in Schachteln oder Flaschen abfüllen. Denn sie liegen tief in unserem Innern verborgen. Jederzeit können wir sie in uns entdecken. Dazu gehört lediglich ein bisschen Neugier und die Bereitschaft, ihnen die nötige Aufmerksamkeit zu schenken. In uns selbst müssen wir nach ihnen suchen und – als wären sie scheue kleine Kinder – durch Liebe ihr Vertrauen gewinnen, um sie hervorzulocken aus unserem Herzen. Haben Sie dies geschafft, entdecken Sie einen kostbaren Schatz, den ganzen Reichtum Ihres ewigen, wahren, wundervollen Wesens.

Diese innere Schönheit kommt jedes Mal dann zum Vorschein, wenn Sie einen dieser Wesensvorzüge aktivieren, indem Sie zum Beispiel einen aggressiv geführten Streit schlichten, sich tolerant zeigen und vergeben, wo andere ein harsches Urteil oder Bestrafung erwartet hätten; indem Sie sich mit dem zufrieden geben, was Sie haben, sodass Sie anderen als Vorbild dienen können – kurz gesagt: wann immer Sie der natürlichen inneren Schönheit Ihres Wesens die Chance geben, sich zu zeigen. In diesen Momenten schenken Sie den anderen Ihr tiefstes Selbst. Was Sie dafür zurückerhalten? Genau das, was Sie gegeben haben – mag es auch nicht sofort, sondern erst später geschehen.

Unselige Identitätsfalle

Ein Mensch, der seine ganze Identität über den bevorzugten Fußballclub definiert, ist wirklich arm dran. Nicht zufällig leitet sich das Wort »Fan« von »Fanatiker« her. Ein solcher »Fan« identifiziert sich ganz und gar mit seiner Mannschaft, ihren Farben, ihrem Logo und seinen Lieblingsspielern. Er hat keine Ahnung, wer er jenseits dieser Identifikation wirklich ist. Er lebt in der Lüge, Fußballfan zu sein würde ihm ausreichen. Er hat keinen Schimmer, was er eigentlich tut. Zwar hat er ein diffuses Wissen – und dennoch weiß er nichts. Sobald Sie sich mit Dingen außerhalb Ihres Selbst identifizieren – sei es einem Objekt, einer Idee, einer Philosophie, einem Sportteam, womit auch immer –, geben Sie sich der Illusion hin, etwas zu sein, was Sie nicht wirklich sind. Dadurch machen Sie Angst und Wut zu Ihren permanenten Begleitern. Ja, Sie laden diese beiden Kumpane geradezu ein, sich in Ihren Charakter einzunisten. Leben Sie in diesem Selbstbetrug, ist Ihre innere Schönheit für die Welt verloren. Ihr Herz vergießt heiße Tränen und klagt über diesen grausamen Verlust.

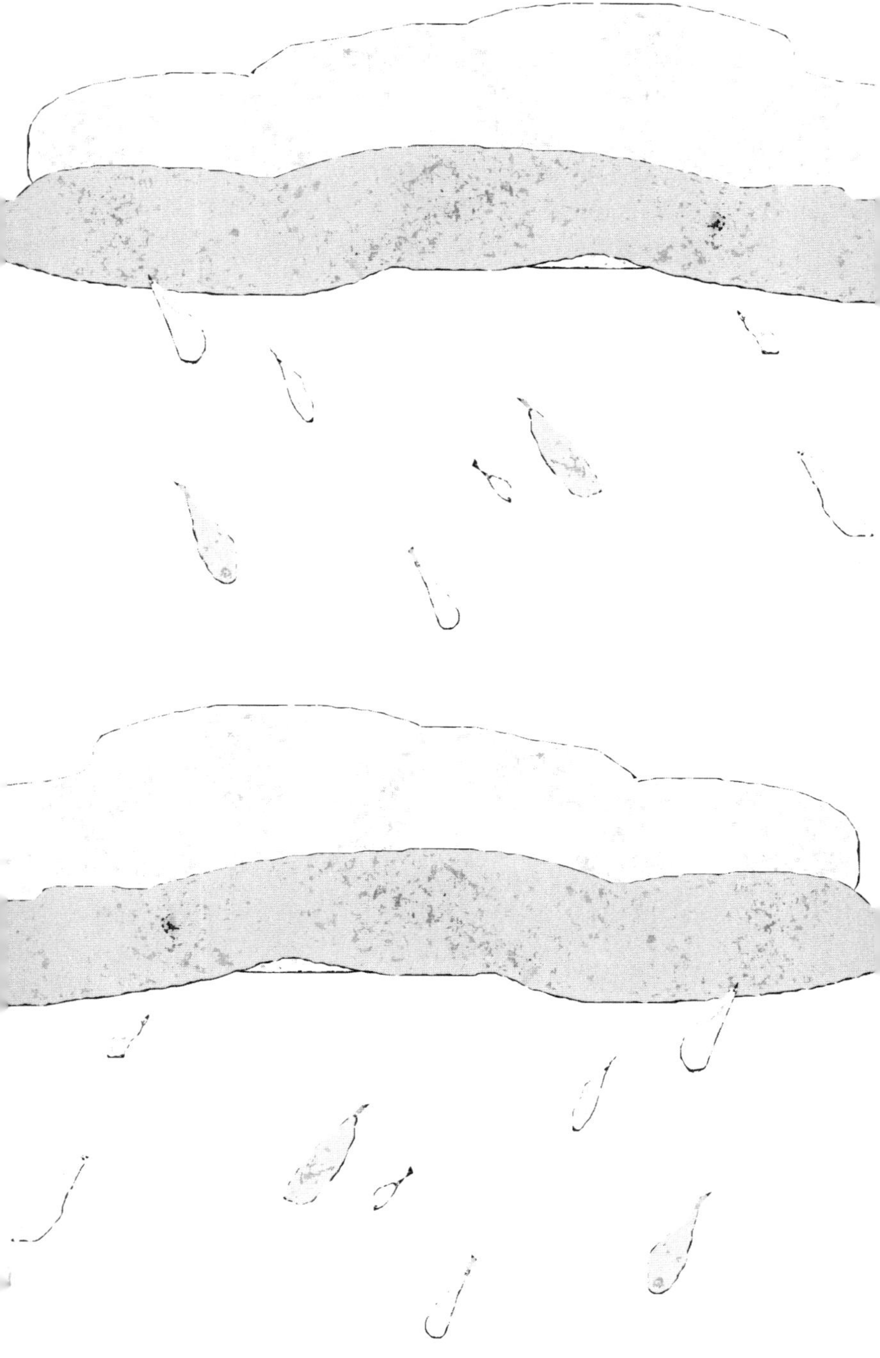

DRITTE STUFE DER SELBSTERKENNTNIS

Verantwortung

IHR SCHICKSAL ENTGLEITET NIEMALS IHREN HÄNDEN. DAS SCHEINT NUR SO!

In dem Augenblick, da Sie – äußerlich oder innerlich – den Zeigefinger erheben und die Schuld für Ihr Befinden den Umständen oder anderen Menschen geben, entmachten Sie sich selbst. Nichts und niemand hat Macht über Ihre Gefühle, wenn Sie es nicht zulassen. Anders gesagt: Nicht das, was Sie zu mir sagen oder mir antun, löst ein bestimmtes Gefühl in mir aus. Meine Empfindungen hängen vielmehr davon ab, wie *ich* das Gesagte oder Ihre Tat auffasse. Lassen Sie sich diesen Gedanken immer wieder durch den Kopf gehen, verinnerlichen Sie ihn. Mit ihm öffnet sich nämlich das Tor zu wahrer Freiheit. Er hilft Ihnen dabei, sich auf Ihre eigene Kraft zu besinnen.

Wie Sie auf das Leben in Ihrer Umgebung reagieren und wie infolgedessen Ihre Umwelt auf Sie reagiert, hängt letzten Endes von Ihrer Wahrnehmung ab. Denn Ihre Wahrnehmungen bestimmen Ihre Realität, sie sind das Resultat Ihrer eigenen Interpretationen. Deshalb liegt es allein bei Ihnen, wie Sie das Geschehen um sich herum bewerten wollen – freilich nur, wenn Sie genau wissen, was in Ihnen vorgeht. Nur dann können Sie bewusst darüber entscheiden, wie Sie – innerlich und/oder nach außen hin – reagieren möchten.

Ihre Wahrnehmung bestimmt Ihr Denken und Fühlen sowie Ihre Reaktion auf die Geschehnisse und Menschen in Ihrer Umgebung. Wenn Sie auf einen Menschen negativ reagieren, senden Sie automatisch eine negative Energie aus. Das heißt, Sie selbst haben als Erster unter dieser Reaktion zu leiden. Sie verabreichen Ihrem Gegenüber eine kleine negative Energiedosis, die eines Tages direkt zum Absender – also zu Ihnen selbst – zurückkehrt.

Die eigenen Eltern und die Gesellschaft insgesamt haben den meisten von uns beigebracht, vor allem das Negative wahrzunehmen. So sehen wir in anderen Menschen, den eigenen Lebensumständen und auch in uns selbst immer nur das Schlechteste. Kein Wunder, dass es so viele unglückliche Menschen gibt – vor allem in den so genannten hoch entwickelten Gesellschaften, die meist in relativ großem Komfort leben. Die Gewohnheit, vornehmlich das Negative wahrzunehmen und einen ausgeprägten Pessimismus zu kultivieren, hat inzwischen geradezu epidemische Ausmaße angenommen. Egal, wie gut alles läuft: Unser negativ konditioniertes Denken nimmt vor allem das Unerfreuliche wahr. Unentwegt halten wir nach dem Negativen Ausschau, erfinden es notfalls sogar, auch ohne einen objektiven Grund. Ebenso widmen sich die Medien mit aller Inbrunst dieser schwarzen Kunst! Und so breitet sich das negative Denken wie eine ansteckende Krankheit immer weiter aus.

Letzten Endes geschieht alles aus einem bestimmten Grund, und zwar wirklich alles! Was immer um Sie herum passiert, Ihnen widerfährt, hat eine Bedeutung, einen Sinn. Und der lässt sich sehr wohl ergründen. Wenn Sie jedoch alles persönlich nehmen und dadurch Ihre Wahrnehmung trüben, übersehen Sie den tieferen Sinn bestimmter Ereignisse oder die Bedeutung Ihrer Beziehung zu anderen Menschen. Und so überhören wir allzu oft, was das Leben uns zu sagen hat. Wir reagieren nicht kreativ auf Menschen und Ereignisse, sondern mechanisch. Wir lassen uns von unseren Gefühlen kontrollieren, statt selbst über unsere Empfindungen zu entscheiden. Das Ergebnis: Wir versklaven uns selbst. In dem Augenblick, da Sie andere für Ihr Fühlen, Denken und Tun verantwortlich machen, degradieren Sie sich selbst zum Sklaven Ihrer Lebensumstände.

Selbstbeherrschung bedeutet, sich der eigenen Wahrnehmungen und der daraus resultierenden Gedanken bewusst zu sein, beides steuern zu können und entsprechend zu handeln. Aus unserem Verhalten gegenüber der Welt resultiert genau das, was wir meist mit dem unzutreffenden Wort Schicksal bezeichnen. Denken Sie nach: Was haben Sie in Ihrem bisherigen Leben nach außen hin erreicht? – Wo stehen Sie im Leben? Was tun Sie? Wie ist es um Ihre Beziehung zu anderen bestellt? Prüfen Sie danach, wie weit Sie es »innerlich« gebracht haben: Wie fühlen Sie sich? Wie steht es um Ihr Selbstbewusstsein? ... Falls Sie an dem gegenwärtigen Zustand etwas ändern möchten, hüten Sie sich um Gottes willen vor der großen Dummheit, Ihre Lebensumstände oder die Menschen in Ihrer Umgebung umkrempeln zu wollen – wie es die allermeisten tun. Ereignisse, die wir verändern möchten, gehören stets der Vergangenheit an. Nun kann man aber im Leben zwei Dinge nie und nimmer verändern: andere Menschen und die Vergangenheit. Also, reagieren Sie beim nächsten Mal einfach anders. Beginnen Sie damit, Ihre Wahrnehmungen zu überprüfen. Und sobald Sie Ihre Wahrnehmungs- beziehungsweise Reaktionsmuster verändern, werden Sie erkennen: Sie selbst sind Herr Ihres eigenen Schicksals, es ist nicht von außen auferlegt. Nur für Ihr eigenes Geschick müssen Sie in diesem Leben selbst die Verantwortung tragen. Sorgen Sie deshalb dafür, dass Ihr Lebensglück nicht zum Spielball äußerer Einflüsse und anderer Menschen wird.

Hellwache Wahrnehmung

Es heißt, durch unsere Wahrnehmung würden wir uns selbst unsere Realität schaffen – und genau so verhält es sich! Ist das Glas halb voll oder halb leer? Sind Sie ein unleidlicher, schlecht gelaunter, pessimistischer, unglücklicher, egozentrischer Mensch, der ständig auf den »großen Treffer« hofft? Oder sind Sie ein großzügiger, offener, fürsorglicher, selbstloser, positiv denkender, bedingungslos liebender Mensch? Je nachdem, wie Sie sich selbst wahrnehmen, sind Sie auch. Dementsprechend handeln und gestalten Sie Ihr eigenes »Schicksal«. Ihre Wahrnehmung ist Ihre Realität. Beides liegt in Ihren Händen. Entschließen Sie sich für ein selbstbestimmtes Leben, erwachen Sie plötzlich wie aus einem Traum, und die Erleuchtung ist zum Greifen nah.

VIERTE STUFE DER SELBSTERKENNTNIS

Überzeugungen und Meinungen

DER GRUND, WESHALB SO VIELE VON UNS EIN UNGLÜCKLICHES, STRESSVERGIFTETES LEBEN FÜHREN, LIEGT IN UNSEREN ÜBERZEUGUNGEN.

Die entscheidenden Einflüsse, denen wir zwischen dem Tag unserer Geburt und dem Ende unseres Lebens unterliegen, sind weder mit bloßem Auge zu sehen noch mit den Händen zu fassen. Sie liegen tief in unserem Bewusstsein verborgen.

Sie schleppen in Ihrem Unterbewusstsein Hunderte, wenn nicht Tausende von Überzeugungen mit sich herum. In den zahllosen Augenblicken Ihres Alltags sind Sie sich dieser Überzeugungen meist nicht bewusst. Doch plötzlich sprudelt in einem Streit oder einer Diskussion aus Ihnen heraus: »Ich glaube ...« Diese Glaubenssätze funktionieren fast wie ein Computerprogramm; sie sind in Ihrem Gedächtnis gespeichert. Von dort steuern sie Ihr Fühlen, Denken und Verhalten. Manche dieser Prinzipien sind sogar noch Relikte aus früheren Existenzen. Allen voran bestimmen diese Glaubenssätze, wie Sie sich selbst und Ihre Umgebung wahrnehmen.

Größter Beliebtheit erfreuen sich Glaubenssätze, die mit »Ich kann nicht …« beginnen. Wenn wir nicht an unsere Fähigkeiten glauben, besitzen wir sie auch nicht! In solchen Augenblicken entscheidet sich, wie es mit uns weitergeht – zumindest vorläufig. Solange Sie der festen Überzeugung sind: Sie hätten es nicht verdient, glücklich zu sein, werden Sie – egal weshalb – niemals glücklich sein. So einfach ist das! Derartige Selbsteinschätzungen sind schlicht fatal. Fatal, weil sie uns an der Entfaltung unserer Fähigkeiten hindern. Zudem unterstützen sie unsere Neigung, aus irgendwelchen fiktiven Gefahren heraus unser warmes Nest nicht zu verlassen. Sie blockieren unseren Lernprozess, nötige Veränderungen, unser inneres Wachstum und die Entwicklung unseres ganzen Potenzials. Und genau deswegen sind sie fatal.

Außerdem neigen wir dazu, unsere Beziehungen zu anderen Menschen mit »Blockademechanismen« zu belasten. Wenn Sie jemanden verurteilen und ihm ein Etikett aufdrücken, blockieren Sie augenblicklich den Energiefluss zwischen sich und dem anderen. Das geht ganz schnell und zeigt sich in der Art, wie Sie über andere Menschen sprechen. Vielleicht sagen Sie: »Mein Chef ist ein Idiot …, mein Sohn ist total verrückt geworden …, der Präsident ist ein grauenhafter Typ.« Sobald wir einen Menschen, mit dem wir persönlich zu tun haben, verurteilen und verdammen, hören wir auf, ihn zu verstehen. Gleichzeitig schieben wir die Beziehung auf ein Abstellgleis. Seien Sie also vorsichtig, was Sie über andere denken oder sagen.

Einen Schritt weitergedacht: Wer an die Gesetze der Evolution glaubt, ist davon überzeugt, dass am Ende nur die Stärksten überleben. Für einen solchen Menschen ist die Welt voller Gefahren und Bedrohungen, eine Zweiklassengesellschaft: hier die Gewinner, dort die Verlierer. Mit dieser Überzeugung sieht er überall nur

Konkurrenten; und so jagen ihn pausenlos diverse Befürchtungen und Ängste. Weil er keinesfalls den Verlierern angehören möchte, ist er ganz Besessen von dem Gedanken, andere zu manipulieren und klein zu halten. Infolgedessen reagiert er auf die unvermeidlichen Misserfolge des Lebens mit äußerstem Unwillen. Derartiges Denken und Handeln bedeutet, ständig von Stressgefühlen (Angst) und Misserfolgen gequält zu werden – denn man kann andere Menschen nun einmal nicht völlig beherrschen. Die Folge: ein stets bedrohtes Selbstbewusstsein. Dabei ist das hier nur eine der zahlreichen Ursache-Wirkungs-Ketten, die uns das Leben so oft vergällen.

Wenn Sie einmal genau in sich hineinschauen und Ihre Überzeugungen hinterfragen, stellen Sie bald fest, dass eine weltweit verbreitete Annahme unendlich viel Leid anrichtet. Gemeint ist der große Irrtum, der Mensch sei nichts weiter als ein körperliches, sterbliches Wesen, dessen Schönheit – beziehungsweise Erfolg und Lebensglück – lediglich von seiner äußeren Erscheinung und der Anhäufung weltlicher Reichtümer abhänge. Diese Überzeugung ist der Grund allen Übels. Wir sind Erben dieses Glaubens, der sich von Generation zu Generation sogar noch zu verstärken scheint. Und so werden wir systematisch in die Irre geführt. Denken Sie einmal über diesen Irrglauben nach. Wenn Sie ihn als bloße Illusion erkennen, sind Sie der Wahrheit schon recht nahe gekommen. Und vergessen Sie nie: Der Lohn der Wahrheit ist die Freiheit. Und wahres Glück ist ohne echte Freiheit nun einmal nicht zu haben.

Vertrauen oder nicht vertrauen, das ist ...

Wohl jeder von uns hat schon einmal über einen anderen Menschen gesagt: »Dem kann man nicht trauen.« In so vielen zwischenmenschlichen Beziehungen verabschiedet sich das Vertrauen als Erstes und stellt sich – wenn überhaupt – als Letztes wieder ein. Wieso? Weil jemand uns gestern oder letzte Woche durch irgendeine Tat enttäuscht oder verletzt hat. Diese Enttäuschung beziehungsweise diesen Schmerz lasten wir nun dem anderen an – in der Überzeugung, dass dieser uns verletzt habe. Tut mir Leid, aber das ist Unsinn! Bitte wiederholen Sie in Zukunft hundertmal täglich: »Niemand kann mich verletzen, ich kann lediglich andere dazu benutzen, mich selbst zu verletzen.« Oder anders ausgedrückt: Niemand kann Sie ohne Ihre Zustimmung verletzen. Kennen Sie noch den alten Spruch: »Wer nicht hören will, muss fühlen?« Der Glaube, andere könnten uns verletzen, mag sich zwar großer Popularität erfreuen, ist aber trotzdem falsch!

FÜNFTE STUFE DER SELBSTERKENNTNIS

Selbstkontrolle

SIE GLAUBEN ALSO, SIE SEIEN FREI? NEIN, DAS SIND SIE NICHT! FREI SIND SIE ERST, WENN SIE JEDEN TAG AUFS NEUE BEWUSST ENTSCHEIDEN, WAS SIE MIT IHRER LEBENSENERGIE ZU TUN GEDENKEN.

Haben Sie Ihr Leben unter Kontrolle? Oder versuchen Sie vornehmlich, anderen Ihren Willen aufzuzwingen? Falls Sie die zweite Frage mit Ja beantworten müssen, sind Sie leider zum Scheitern verurteilt. Es gibt nämlich im Leben eines, was sich unserer Kontrolle vollständig entzieht: andere Menschen. Trotzdem sind die Leute weltweit ganz versessen darauf, andere - körperlich, emotional oder geistig - zu beherrschen.

Sobald Sie sich über jemanden aufregen, versuchen Sie bereits zu kontrollieren, was nicht zu kontrollieren ist. Gleichzeitig äffen Sie das Verhalten all der Lehrer, Eltern und »Erwachsenen« nach, mit denen Sie in Ihrer Kindheit und Jugend zu kämpfen hatten.

Damals haben Sie gelernt, Unkontrollierbares beherrschen zu wollen. Wenn Sie jemanden unter Drohungen Ihren Willen aufzwingen, bilden Sie sich vielleicht ein, Sie hätten den anderen im Griff, doch das ist nur Selbstbetrug. Jeder Mensch besitzt die Freiheit, über sein Denken und Tun selbst zu entscheiden, auch wenn er sich dessen gerade nicht bewusst ist. Deshalb hat es den Anschein, er lasse sich von der Angst leiten, die Sie ihm eingejagt haben. Doch nicht Sie sind für diesen Zustand verantwortlich, sondern er selbst. Denselben Mechanismus wenden Sie übrigens an, wenn Sie die Ursache Ihrer – selbst erzeugten – Angst bei anderen suchen. Sicher wird Ihnen eines Tages jemand begegnen, der Ihre Drohungen einfach ignoriert. Manche Leute wissen nämlich, dass sie für ihre emotionalen Reaktionen selbst verantwortlich sind – egal, wer vor ihnen steht. Dieses Bewusstsein macht sie immun gegenüber den Schikanen anderer.

Umgekehrt können Sie sich von anderen kontrolliert fühlen. Aber auch das ist nur ein Irrtum. Selbst das schlimmste diktatorische Regime der Welt kann die Menschen nicht ohne deren Zustimmung kontrollieren. Vielleicht gibt es ja in Ihrem persönlichen Umfeld ein, zwei Leute, gegen deren dominantes Auftreten Sie sich scheinbar nicht wehren können. Doch das bedeutet einzig: Mit Ihrem Selbstbild, Ihrem Glauben an sich selbst und Ihrem Selbstwertgefühl ist etwas nicht in Ordnung, Sie müssen also noch an sich arbeiten. Niemand kann Ihnen seinen Willen aufzwingen – Ausrufezeichen!!! Sie »müssen« überhaupt nichts Bestimmtes denken, fühlen oder tun. Ja, Sie »müssen« morgens nicht einmal aufstehen und zur Arbeit gehen. Sie glauben nur zu »müssen«, genauso wie Sie glauben, dass alle anderen ebenfalls »müssen«. Aber weshalb? Weil Sie glauben, die Gesellschaft übe Macht auf Sie aus. Noch so ein verbreiteter Irrtum!

Um Ihr Leben selbst kontrollieren zu können, müssen Sie die Illusionen durchschauen, die Ihnen Ihre Familie und Ihr gesellschaftliches Umfeld eingebläut haben. Wer sich im Dschungel der Meinungen und Selbsttäuschungen einen Weg zur Wahrheit bahnen möchte, sollte sich vor allem mit den alten Weisheiten befassen und sie innerlich auf sich wirken lassen. Das heißt: Stellen Sie jede Ihrer Annahmen und Überzeugungen infrage; bauen Sie keine Widerstände in sich auf; hören Sie auf zu streiten und zu kämpfen. Sie müssen lediglich Ihre Meinungen hinterfragen. Denn sowohl Ihr Kopf als auch Ihr Herz brennen darauf, die Wahrheit zu erkennen. »Aber dazu habe ich doch viel zu viel zu tun«, werden Sie jetzt vielleicht sagen: »Ich habe doch keine Zeit, pausenlos in mich hineinzustarren.« Mit dieser Einstellung bekunden Sie nur, dass Sie andere Dinge höher schätzen als das »Erwachen«. Trotzdem müssen Sie sich entscheiden: Möchten Sie sich lieber als Opfer der Gesellschaft, der Umstände, der Vergangenheit und anderer Menschen sehen, oder wollen Sie Ihr Leben selbst in die Hand nehmen? Sicher ist es leichter, sich in der Opferrolle zu gefallen, besonders da alle anderen es genauso machen. Wer sich jedoch auf die Opferrolle herausredet, degradiert sich zum Gefangenen seines selbst geschaffenen Leids.

Wenn Sie sich aber für das »Erwachen« entschließen, stellen Sie bald fest: Sie sind durchaus Herr im eigenen Haus und in der Lage, Ihr Verhalten, Ihre Gedanken und Gefühle selbst zu steuern. Akzeptieren Sie diese Verantwortung! Dann sind Ihr Glück, Ihr Seelenfriede, Ihre Autonomie zum Greifen nahe. Die meisten allerdings machen es sich lieber in ihrem Dämmerzustand bequem und schieben der Welt die Schuld ihrer Leiden zu.

Kein Problem!

Einen wichtigen Schritt haben Sie bereits getan, wenn Sie unsere so genannten Probleme als Situationen begreifen, die sich verbessern lassen. Jetzt müssen Sie bloß noch beschließen, selbst – das heißt aktiv – über Ihre Wahrnehmungen zu bestimmen. Jede Situation bietet Raum für Verbesserungen. Denn wir alle bringen das Potenzial mit, die Dinge in uns selbst zu verändern. Leider besitzen wir die fatale Angewohnheit, Situationen, Ereignisse oder unsere Lebensumstände in einer Problemsprache zu beschreiben. Das gilt auch für unsere inneren Zustände. Und damit verpuffen wir unsere Energie. Deshalb verstehen wir oft nicht, wieso wir in diese oder jene Situation geraten sind. Erst wenn wir die Ursachen unserer Probleme kennen, können wir uns für die richtige Therapie entscheiden. Eine erwachte Seele weiß, dass Probleme nur eine Frage der Wahrnehmung sind. Ein Problem ist nichts weiter als die Interpretation einer Situation. Wenn wir die Dinge jedoch von der positiven Seite betrachten, erscheinen sie uns als Herausforderung, als Chance, etwas Neues zu lernen. Mit dieser Wahrnehmung können wir flexibel und kreativ auf Situationen reagieren. Denn: Probleme existieren nur in unserer Vorstellung. Diese Wahrheit zu begreifen, ist eines der wichtigsten Aha-Erlebnisse.

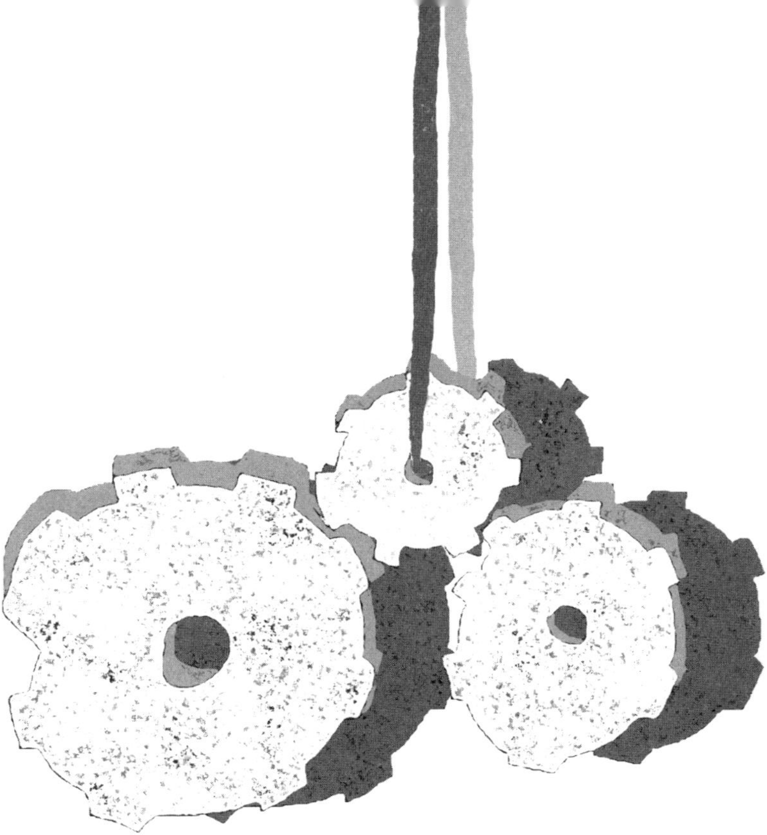

SECHSTE STUFE DER SELBSTERKENNTNIS

Paradoxien des Lebens

SIE SIND BEREITS VOLLKOMMEN. SIE BESITZEN SCHON ALLES, WAS SIE JE BENÖTIGEN WERDEN. UND VÖLLIG FREI SIND SIE AUCH. SIE WISSEN ES NUR NOCH NICHT!

Das Leben ist voller Paradoxien. Zum Beispiel: Um glücklich zu sein, müssen Sie alles loslassen, was Ihnen irgendwie glückverheißend erscheint. Unglücklich sind Sie nämlich vor allem deshalb, weil Sie sich an Dinge klammern, von denen Sie sich Glück versprechen. Begreifen werden Sie dies allerdings erst in der Erkenntnis, dass echtes Glück – also wahrer Seelenfriede – nichts mit Dingen, Menschen oder sonstigen »Äußerlichkeiten« zu tun hat. Wahres Glück und wahren Frieden können Sie nur in sich selbst finden, nicht in der Außenwelt.

Ebenso paradox erscheint der Gedanke, dass nur derjenige wirklich etwas empfängt, der gibt. Keine sonderlich neue Erkenntnis, trotzdem leben nur sehr wenige Menschen danach. Wenn Sie sich Liebe und Achtung wünschen, müssen Sie Liebe schenken, ohne eine Gegenleistung dafür zu erwarten. Mit anderen Worten: Sie dürfen Liebe nicht einfach für sich in Anspruch nehmen. Ziemlich verwirrend, nicht wahr? Wenn Sie hingegen ganz selbstverständlich Liebe und Achtung schenken, werden Sie der Erste sein, der diese Liebe und Achtung erfährt. Schließlich spüren Sie ja zuallererst diese Liebe in Ihrem Herzen. »Gib und dir wird gegeben werden.« Wer nach diesem Grundsatz lebt, wer also das, was er braucht, in genau dem Augenblick erhält, da er es schenkt, ist über alle Bedürftigkeit erhaben. Am Ende werden Sie vielleicht sogar erfahren, wie sich jenseits des Gegensatzes »Geben und Empfangen« eine völlig neue Dimension auftut: das reine Sein, ein Zustand, in dem Geben und Empfangen eins sind. Wer über Selbstachtung verfügt, wessen ganzes Sein von Selbstachtung erfüllt ist, der erfährt beides – geben und empfangen – als ein Geschehen.

Damit wären wir bei der größten Paradoxie überhaupt, nämlich der Tatsache, dass vollkommene Schönheit, Glückseligkeit und Zufriedenheit schon von Anfang an zu Ihrem innersten Wesen gehören. Sie sind sich dessen nur nicht bewusst. Hinter Ihnen liegt bereits eine lange Reise mit zahlreichen Erfahrungen und Eindrücken. Viele Dinge haben Sie dabei aber verzerrt wahrgenommen, sodass Sie in einigen Irrtümern verhaftet sind. Dies alles umschließt jetzt – wie die Schichten einer Zwiebel – Ihren reinen, vor Energie überfließenden, friedvollen Wesenskern – eben jenes vollkommene Sein, als das Sie in die Welt gekommen sind. Daher ist die Bezeichnung Selbstvervollkommnung völlig unzutreffend. Sie brauchen sich nicht selbst zu vervollkommnen, um wirklich

Sie selbst zu sein. Sie müssen sich nur Ihrer Selbsttäuschungen bewusst werden und sie dann einfach »loslassen«. Richten Sie Ihr inneres Auge auf all die Fehldeutungen in Ihrem Bewusstsein: falsche Überzeugungen, falsche Interpretationen, Illusionen. Sobald Sie diese Hirngespinste entlarven, fällt all das von Ihnen ab, was kurz zuvor noch Ihren Blick getrübt hat. Und noch ein Paradox: Sie werden diese Selbsttäuschungen nicht etwa erkennen, indem Sie sich krampfhaft darum bemühen. Es stehen Ihnen aber zwei besonders wirksame Mittel zur Verfügung, sich von solchen Hirngespinsten zu befreien: Meditation und die Gesellschaft von Menschen, die ihre Selbsttäuschungen bereits durchschauen. Wählen Sie Ihren Umgang deshalb sorgfältig aus. Die von Ihnen bevorzugte Gesellschaft färbt nämlich auf Ihr Bewusstsein ab. Das kann Sie sogar bei dem Versuch behindern, jene Selbsttäuschungen Schicht für Schicht abzutragen, die Ihren Wesenskern vor Ihrem inneren Auge verhüllen.

Wie bereits erläutert (s. S. 95) können wir andere Menschen nicht kontrollieren – wohl aber uns gegenseitig beeinflussen. Wenn Sie jemanden kontrollieren – ihm also Ihren Willen aufzwingen – wollen, schottet sich der Betroffene innerlich ab; er spielt nicht mehr mit. Das verringert natürlich Ihren Einfluss auf ihn. Je mehr Sie sich bemühen, andere zu kontrollieren – sei es auch nur in Gedanken –, desto weniger Einfluss werden Sie tatsächlich nehmen. Umgekehrt gilt: Je weniger Druck Sie ausüben, desto größer ist Ihr Einfluss auf andere. Probieren Sie es doch mal. Eine wundervolle Methode, um in zwischenmenschlichen Beziehungen Erfolg zu haben. Aber vergessen Sie nicht: Sobald Sie einen anderen bewusst zu beeinflussen suchen, möchten Sie ihn im Grunde genommen nur kontrollieren. Echte Einflussnahme kennt jedoch keine Motive. Das ist das große Geheimnis.

Glück ist ...

Was also ist Ihnen wirklich wichtig im Leben? Sagen Sie bitte nicht, Sie wüssten es nicht. Sie wissen es sehr wohl! Achten Sie einmal darauf, warum Sie tun, was Sie tun. Von welchem Motiv in Ihrem tiefsten Innern lassen Sie sich leiten? Genau. Das eigentliche Motiv ist Ihr Verlangen nach Glück. Dabei übersehen Sie aber, dass Sie bereits glücklich sind. Sie brauchen also gar nicht krampfhaft nach Glück zu suchen, weder dafür zu arbeiten noch danach zu streben. Kein Geld kann es herbeizwingen. Sie werden ihm auch nicht begegnen, indem Sie Großes vollbringen. Dies alles trübt nur Ihren Blick für die Wahrheit. Schließlich wohnt das Glück schon seit jeher in Ihnen. Sie brauchen bloß zu beschließen, glücklich zu sein – und sich diese Entscheidung gewissermaßen zur Gewohnheit zu machen. Das Glück hängt nicht von äußeren Dingen ab, es ist vielmehr eine Frage der Entscheidung. Also, zieren Sie sich nicht! Seien Sie glücklich! Oder noch besser: Lassen Sie andere daran teilhaben. Fangen Sie mit Ihrem Herzen an. Lassen Sie in Ihrem Herzen das strahlendste Lächeln erscheinen. Nun müssen Sie bloß noch eine Verbindung zwischen Ihrem Herzen und Ihrem Gesicht herstellen. Dann wird sich in Ihrem Innern ein ebenso intensives wie anhaltendes Glücksgefühl einstellen. Falls Sie das Wort »Glück« nicht mögen, sprechen Sie doch einfach von Zufriedenheit. Zufriedenheit ist das Glück des Geistes.

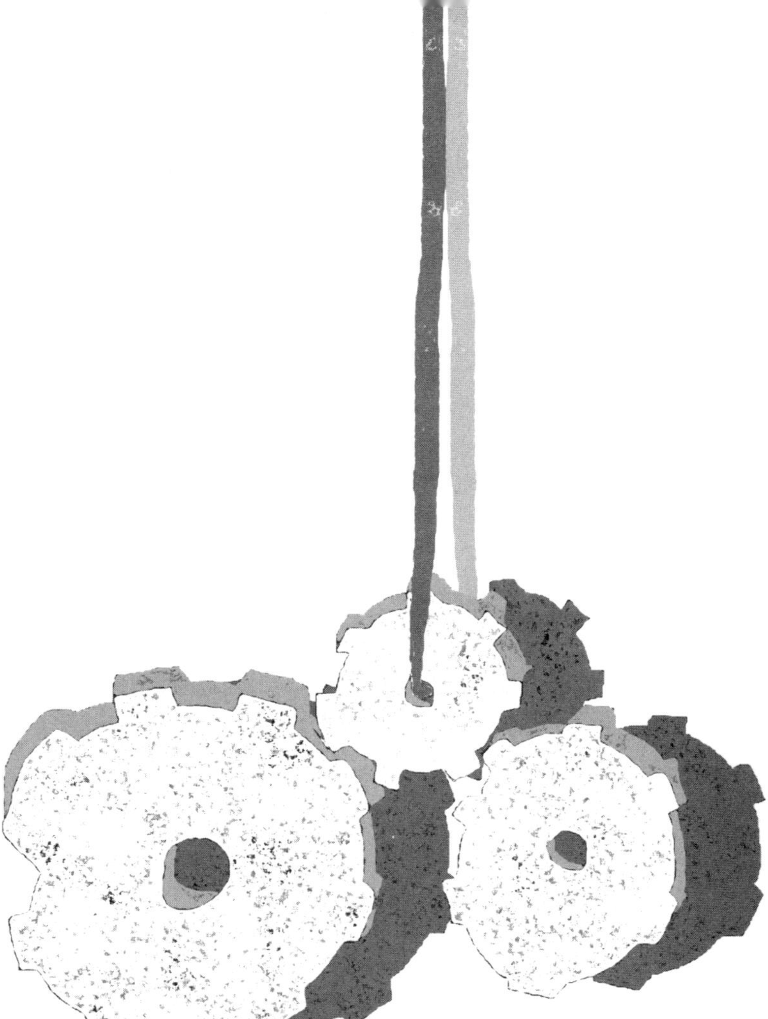

SIEBTE STUFE DER SELBSTERKENNTNIS

Zwischenmenschliche Beziehungen

JEDER, WIRKLICH JEDER MENSCH IST EIN QUELL DER LIEBE, DER WAHRHEIT, DES FRIEDENS UND DES EINVERNEHMENS MIT DER WELT. DESHALB SIND WIR ALLE VON NATUR AUS SO REICH.

Das Leben ist eine Kette von Beziehungen – Beziehungen zu anderen Menschen, zur Natur, zur Welt allgemein oder zu Gott. Das Wort »Beziehung« bezeichnet einen Energieaustausch. Hat diese Energie einen wohlwollenden oder positiven Charakter, handelt es sich um eine harmonische Beziehung. Doch das sagt uns niemand. Man bringt uns nicht bei, zu geben und zu empfangen, sondern zu nehmen und festzuhalten, am besten so viel wie nur irgend möglich. Doch diese Einstellung vergiftet unsere persönlichen Beziehungen ebenso wie das kollektive Beziehungsgeflecht.

Da sich jedoch alle so verhalten, erscheint uns diese Gier ganz normal, bis wir eines Tages aufwachen und erkennen: Die »Dinge« sind nur dazu da, um gegeben zu werden; man kann ohnehin nichts wirklich besitzen. Wer dies begriffen hat, steht innerlich in Einklang mit sich selbst – mag auch die Mehrheit weiterhin der Illusion anhängen, dass es im Leben nur darum geht, zu raffen und zu besitzen, zu nehmen und für sich zu behalten.

Erleuchtete Seelen wissen: Was wir geben, kehrt zu uns zurück. Was wir säen, können wir später ernten. Dieser »Mechanismus« ist auch als Gesetz der karmischen Vergeltung bekannt. Der Erleuchtete weiß, dass wahrer Reichtum nichts mit dem Bankkonto zu tun hat. Wir besitzen diesen Reichtum nämlich schon seit jeher auf unserem Bewusstseinskonto oder unserer spirituellen Bank. Freilich: Die meisten haben nicht einmal einen blassen Schimmer von diesem immateriellen Sparkonto, das unseren wahren Reichtum deponiert. Es spielt keine Rolle, ob die Mehrheit durch ihre Absichten und Handlungen stets aufs Neue bekundet, dass sie das Geld für den größten und wichtigsten Wert erachtet. Der Erleuchtete weiß: Unsere kostbarste Energiequelle ist spiritueller Natur. Diese Energie kann viele Formen annehmen. Unsere Beziehungen zur Welt und zu anderen Menschen bieten uns reichlich Gelegenheit, von dieser Kraft etwas zu geben. Liebe, Wahrhaftigkeit, Friedfertigkeit und Glückseligkeit – das sind die leuchtenden Farben der Seele, die Hauptaspekte jener spirituellen Energie, aus der wir alle geschaffen sind. Mit diesem Wissen erkennen wir auch, welche Chancen uns jede einzelne Beziehung eröffnet: die Möglichkeit, uns dieser Energie kreativ zu bedienen und sie mit anderen zu teilen. Den Menschen mit Akzeptanz, Fürsorglichkeit, Wertschätzung, Güte und Barmherzigkeit zu begegnen heißt immer auch, ihnen Liebe zu schenken. Weisheit und Erkenntnis lassen die Wahrheit in uns aufscheinen. Zufriedenheit und Erfüllung sind Glückserfahrungen, die sich ergänzen. Doch keine dieser Erfahrungen lässt sich »besitzen«. Wir lernen sie nur kennen, wenn wir unseren Mitmenschen entsprechend begegnen, also die Welt mit unserem inneren Reichtum beschenken. Wozu sonst sollten wir hier auf Erden sein?

Die erleuchtete Seele weiß sogar noch mehr: Wenn wir das Bankguthaben unseres Geistes »verschwenden«, indem wir aus vollem Herzen geben, setzen wir zwei dynamische Prozesse in Gang. Zum einen erfahren wir selbst als Erste die Kraft, die wir im Akt des Gebens verschenken (Liebe schenken heißt Liebe erfahren). Zum anderen kehrt diese Energie zu uns zurück (weil das Gesetz des Kosmos es so will) – auf ganz verschiedenen Ebenen wird sie uns zurückgegeben. Der spirituelle Reichtum, den wir an andere »verschwenden«, kommt uns später meist auch monetär zugute – allerdings nur solange wir nicht nach materiellem Reichtum streben.

So funktionieren zwischenmenschliche Beziehungen nun einmal. Von allen Äußerlichkeiten befreite Beziehungen geben uns Raum für unsere eigene Kreativität. Schließlich ist jeder von uns ein »Lebenskünstler«, dem die Gestaltung des eigenen Lebens obliegt. Deshalb sollten wir uns alle wechselseitig dazu einladen, gemeinsam das Beste aus unserem Leben zu machen. Eine besonders wichtige Rolle spielt dabei unser kostbarster Besitz: jener Reichtum, der in unserem Selbst verborgen liegt. Verstecken Sie also Ihre Schätze nicht vor der Welt. Lassen Sie sich auf keinen Fall durch Zyniker in die Defensive drängen. Gestatten Sie es den »Negaholikern« niemals, Ihren Geist zu betrüben. Leben Sie gut, lachen Sie häufig und schenken Sie Liebe – doch erwarten Sie keine Gegenleistung. Dann werden Sie mit eigenen Augen sehen, wie das Universum zu ihren Füßen sein Lager aufschlägt. Im Überfluss zu geben bewirkt, dass auch Sie selbst im Überfluss beschenkt werden.

Unbehagen

Wieso fühlen wir uns in Gegenwart bestimmter Menschen völlig entspannt und bei manchen total verkrampft? Meist führen wir unsere innere Ablehnung auf die Persönlichkeit des anderen zurück – auf seine Affektiertheit oder unangenehme Ausstrahlung. Doch das ist falsch! Vielmehr kommt das Unbehagen aus uns selbst, der andere ist lediglich Auslöser dieses Gefühles. Möglich, dass uns die Person an eine schmerzliche Beziehung aus der Vergangenheit erinnert. Oder vielleicht haben wir das Gefühl, mit unserem Gegenüber in den entscheidenden Auffassungen und Verhaltensweisen einfach nicht zu harmonieren. Meistens aber liegt der Grund unserer Ablehnung in einem Wesenszug des anderen begraben, den wir selbst besitzen und uns lieber nicht eingestehen möchten. Eines ist jedenfalls klar: Das größte Unbehagen empfinden wir als Kinder gegenüber unseren Lehrern. Aber nicht weitersagen.

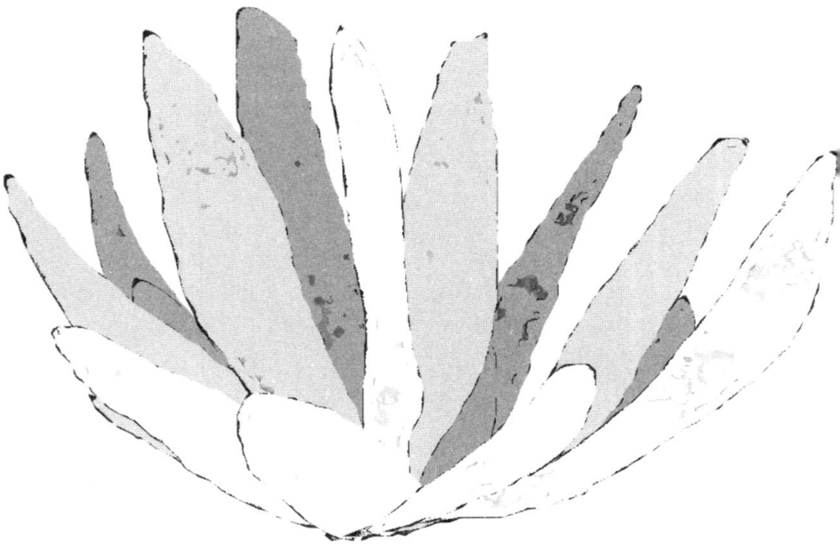

DRITTER TEIL

HANDELN UND VERWANDLUNG

DIE SIEBEN AHAS ERLEUCHTETER SEELEN

Sind Sie bereit, sich zum Positiven zu verändern?

Wäre Ihnen bewusst, von welchen Selbsttäuschungen Sie sich in Ihrem Denken und Fühlen bestimmen lassen, würden Sie diese wirren Meinungen rasch als eigentliche Ursache für Ihre emotionalen Schwierigkeiten ausmachen. Fragen Sie sich also, ob Sie bereit sind für jene notwendigen inneren Veränderungen, die nur Sie vornehmen können und die Ihrem Leben eine neue Richtung geben werden.

Wenn Sie die Wahrheit durchschauen könnten oder zumindest etwas mehr über Ihr wahres Wesen und die Gesetzmäßigkeiten des Lebens wüssten, würden Sie sich unverzüglich auf eine große Entdeckungsreise begeben, zweifellos. Allerdings führt Sie diese Reise nicht in irgendein Urlaubsparadies, sondern in Ihr Inneres, zu sich selbst, zu wahrer Selbsterkenntnis.

Nur in der Erkenntnis wie wertvoll und lohnend es ist, an sich zu arbeiten, das eigene Selbst kennen zu lernen, mit der eigenen Energie klug umzugehen und die Rolle des ewigen Opfers abzulegen, kann man in der Welt etwas bewirken. Zunächst werden Sie diese Wirkung an sich selbst verspüren, doch schon bald können Sie auch anderen etwas Kostbares schenken. Klar ist jedenfalls: Sobald Sie auch nur eine einzige Gewohnheit ablegen, wird jemand in Ihrem Umfeld dies bemerken und sich dadurch beeinflussen lassen.

Sind Sie bereit, »innerlich« an sich zu arbeiten? Möchten Sie Ihre spirituelle Energie freisetzen und die Liebe sowie den Frieden verbreiten, die Ihnen von jeher innewohnen? Dann können Sie die Welt verändern. Sie werden zwar nicht genau erfahren, was Sie verändert haben, jedoch deutlich spüren, dass Sie etwas bewirken konnten. Doch jetzt zur praktischen Seite dieses Prozesses. Was müssen Sie tun, um ihn in Gang zu setzen? Das Wort »tun«

ist hier eigentlich etwas fehl am Platz, denn der Ursprung all Ihrer Handlungen liegt in Ihrem Bewusstsein, das heißt in Ihrem Geist – in Ihrer reinen Existenz. Das Sein – also die Existenz – geht dem Tun stets voraus. Was immer wir tun, entspringt diesem Sein. Das Sein ist deshalb unsere erste Tat. Damit wir uns verändern können, müssen wir zuallererst unsere Fähigkeit reaktivieren, zu unserem Sein auf neue Weise in Beziehung zu treten. Dies alles geschieht ausschließlich in unserem Innern, bleibt also der Welt verborgen. Es ist gewissermaßen eine Geheimstrategie, niemand erfährt, was innerlich mit Ihnen vorgeht – es sei denn, Sie reden darüber. Doch ich kann Ihnen nur raten: Schweigen Sie! Bei derartigen Themen finden sich nämlich immer Menschen, die sich darüber lustig machen oder Sie in Ihrem Vorhaben verunsichern möchten. Außerdem könnten sich gewisse Personen bedroht fühlen, wenn Sie sich verändern und einen neuen Zugang zu sich selbst finden wollen. Solche Menschen werden mit allen Mitteln verhindern, dass Sie den Status quo infrage stellen. Außer natürlich, Sie haben es mit Leuten zu tun, die sich selbst mit derartigen Fragen auseinander setzen. In einer solchen Phase sind diese Menschen sogar Ihre besten Freunde. Sie können mit ihnen Erfahrungen austauschen und über die tief greifende Veränderung sprechen, die Sie gerade erleben.

Auf dem Weg zur Erleuchtung werden Ihnen immer wieder Eingebungen und Aha-Erlebnisse zuteil. Möglich, dass Sie solche Erfahrungen bereits gemacht haben. Doch nur dem wahrhaft Erleuchteten gelingt es, Aha-Erlebnisse so in die Tat umzusetzen, dass sich dadurch das ganze Leben verändert.

Im Folgenden die sieben Ahas, die den Beginn einer neuen Lebenspraxis markieren. Wenn Sie sich von diesen Erkenntnissen zum Handeln bewegen lassen, wird dies Ihr Leben vollständig verändern. Oder besser: Sie selbst werden Ihr Leben verändern.

ERSTES AHA!

Suchen Sie die Stille

DIE GRÖSSTE KRAFT LIEGT IM SCHWEIGEN. IM ZENTRUM UNSERES WESENS HERRSCHT VÖLLIGE STILLE.

Haben Sie schon mal überlegt, warum in Bibliotheken eine ganz eigene Atmosphäre herrscht? Bibliotheken sind zwar viel besuchte Orte, aber dort ist Schweigen geboten. In der gedämpften Atmosphäre dieser Räume beruhigt sich unser Geist, deshalb können wir dort entspannt, konzentriert und kreativ arbeiten. Stellen Sie sich vor, Sie sind in der Bibliothek Ihres Geistes und stöbern dort in den Weisheiten, die sich in den Regalen Ihres Lebens angesammelt haben. Sie lauschen in die Stille hinein, nehmen die Stille bewusst wahr. Besänftigen Sie zuerst das Gewirr der inneren Stimmen, die Ihre Aufmerksamkeit stören möchten. Nur wenn Ihr Geist ganz ruhig ist, können Sie die Stimme Ihres Herzens hören. Erst dann steht Ihrer Kreativität nichts mehr im Weg. Nun können Sie zulassen, dass Gedanken, Vorstellungen, Bilder und Eingebungen aus dem Dämmerlicht Ihres Unterbewusstseins auf der hell erleuchteten Bildfläche Ihres Bewusstseins erscheinen. Jetzt können Sie sich entscheiden, was Sie erreichen möchten. Und auch wenn Sie es nicht glauben, Sie sind ein Künstler. Wir alle sind Künstler. Unsere innere Leinwand ist die Bildfläche unseres Geistes.

Jedoch sind auf der Bildfläche unseres Geistes vor allem Wiederholungen alter »Stücke« oder Projektionen unserer Zukunftshoffnungen und -ängste zu sehen. Währenddessen wartet Ihr Herz geduldig darauf, Ihnen von wundervollen Dingen zu erzählen, dringt damit aber nicht zu Ihnen durch. Wieso nicht? Wegen des ohrenbetäubenden Lärms, der in Ihrem Innern herrscht.

Wir lassen uns durch den Lärm unserer Gedanken von den wesentlichen Fragen ablenken – damit verbringen wir einen Großteil unseres Lebens. Aber auch die Welt, in der wir leben, wird immer lauter und geschäftiger. Diese Geschäftigkeit übertragen wir in unsere Gedanken. Diese Gedanken wiederum vermischen sich mit Erinnerungen und Bildern aus der Vergangenheit. Und das macht es so schwer, die ersten zaghaften Schritte auf der Suche nach innerem Frieden und seelischer Harmonie zu gehen. Damit wir uns nicht missverstehen: Ich möchte Sie nicht dazu überreden, die Außenwelt aus Ihrem Bewusstsein zu verstoßen, sich aus der Gegenwart auszublenden oder etwa das Denken einzustellen (zumindest nicht am Anfang). Das Ziel ist, Zonen oder Phasen der inneren Ruhe zu etablieren, damit Sie mit Ihrer inneren Kraft in Verbindung treten können, damit Sie die – bisweilen auch als Intuition bezeichnete – Stimme Ihres Herzens wieder hören lernen. Doch dazu braucht es natürlich etwas Zeit und eine bestimmte Lebenspraxis. Im Folgenden erfahren Sie, was das bedeutet.

Beginnen Sie damit, im Alltag weniger zu sprechen. Ist wirklich alles nötig, was Sie sagen? Nein! Dann verzichten Sie doch auf unnötiges Gerede. Nach einigen Tagen fangen Sie an, leiser und langsamer vorzubringen, was Sie zu sagen haben. Auf diese Weise verspüren Sie in sich schon bald jenen inneren Rhythmus, der Ihrem wahren Wesen entspricht. Sie werden es selbst erleben.

Zudem werden Sie sich plötzlich sowohl mit sich selbst als auch mit anderen Menschen wohler fühlen als bisher. Wenn Sie diese drei Anweisungen befolgen – also weniger, leiser und langsamer sprechen –, verändern sich auch Ihre inneren Dialoge entsprechend. Sie werden spürbar ruhiger werden und über wesentlich mehr Energie verfügen. Sie werden feststellen, dass Ihnen die guten Ideen nur so zufliegen, dass Sie die Dinge differenzierter wahrnehmen als zuvor und sich leichter entscheiden können. Sobald Sie diese Wirkungen an sich spüren, haben Sie auf dem Weg zur Erleuchtung bereits den ersten wichtigen Schritt getan.

Wie sich auch aus den seit vielen Jahrhunderten gesammelten Erfahrungen der Mystiker ersehen lässt, haben diese Menschen das Schweigen von jeher als Weg und Ziel der Erleuchtung betrachtet. Wer mit den tiefsten Schichten seines Bewusstseins in Kontakt kommt, erlebt einen Zustand ungetrübter Stille. In diesem Zustand begegnen wir unserem wahren – von Gedanken- und Gefühlsmüll freien – Selbst. Nur dort finden wir wahren Frieden und den Quell echter Kraft. Wer sich seines inneren Friedens und der eigenen Kraft gewahr ist, bringt diese Erfahrung auch in seinen zwischenmenschlichen Beziehungen und in seinem Verhältnis zur Welt ganz von allein zum Ausdruck. Aus diesem Grund gilt das Schweigen als die Sprache der Seele. Und so kann man wahre – das heißt aus der Stille erwachsene – Liebe auch als Sprache des Herzens bezeichnen.

Ruhe – Balsam für die Seele

Achten Sie einmal darauf, was geschieht, wenn Sie eine Bibliothek oder einen Meditationsraum betreten. Welche Wirkung übt der dort herrschende Friede, die Atmosphäre der Ruhe und Sammlung auf Sie aus? Schon nach wenigen Augenblicken verspüren Sie selbst eine zunehmende innere Ruhe und eine eigene friedvolle Stimmung. Sie erleben die Ruhe als wohltuenden Balsam für Ihre Seele. Vergegenwärtigen Sie sich nun die Verhältnisse in Ihrem Büro, an Ihrem Arbeitsplatz oder auch in Ihrem privaten und gesellschaftlichen Umfeld. Probieren Sie einmal Folgendes aus: Bemühen Sie sich im Büro oder zu Hause um ein völlig friedliches Verhalten Ihrerseits, und achten Sie dabei darauf, wie sich Ihre Umgebung von dieser Friedfertigkeit anstecken lässt. Und wegen dieses »Infizierens« ist die Friedfertigkeit, der wir in uns selbst den Weg bereiten, zugleich unser schönstes Geschenk an die anderen. Wie sich die Dinge der Außenwelt im Raum befinden, so ist auch unser Selbst in den Raum der Stille eingebettet. Zwischen den Noten einer Symphonie herrscht Stille; hinter einem Gemälde befindet sich die leere, stumme Leinwand. Auch zwischen unseren Gedanken existiert ein Augenblick der Stille. Sorgen Sie also dafür, dass Friede und Stille in Ihrem Innern herrschen, dann tun sich diese Schwingungen ganz von alleine auch Ihren Mitmenschen kund. Die anderen werden intuitiv spüren, dass in Ihnen eine besondere Kraft wirksam ist, und an dieser Energie ebenfalls teilhaben.

ZWEITES AHA!

Loslassen

ALLES LEIDEN HAT EINE URSACHE: DAS FESTHALTEN. VERSUCHEN SIE DAHER, SICH NIEMALS KRAMPFHAFT AN ETWAS FESTZUKLAMMERN.

Ein Vogel muss sich von dem Ast lösen, auf dem er sitzt, um fliegen zu können. Ebenso muss der Mensch die Äste seiner Gewohnheiten, Vorlieben und Abneigungen loslassen, wenn er zum Höhenflug der Erleuchtung antreten möchte. Innerlich klammern wir uns an unsere Überzeugungen, Ideen und Erinnerungen, äußerlich an Menschen, Besitz, Status und Privilegien – um nur einiges zu nennen. Solange wir solche »Dinge« festhalten, leben wir in ständiger Angst (vor dem Loslassen, etwas zu verlieren oder Schaden zu nehmen). So werden wir niemals frei sein. Betrachten Sie die Vögel: Nur wenn sie den Ast verlassen, auf dem sie gerade sitzen, eröffnet sich ihnen die Chance, Millionen weiterer Äste in ihrem Leben aufzusuchen und von dort aus die Welt zu betrachten. Und wie ist es um Sie bestellt? Fliegen Sie wie ein Vogel von Ast zu Ast? Oder klammern Sie sich verzweifelt an Ihren gewohnten Ast und murren über diejenigen, die fröhlich an Ihnen vorbeisegeln? Versuchen Sie es doch mal, lassen Sie einfach los!

»Aber wie soll ich das anstellen?«, werden Sie vielleicht fragen. »Ich habe immer gehört, dass es im Leben darauf ankommt, möglichst viel festzuhalten. Jetzt erzählen Sie mir, ich soll alles loslassen!« Natürlich sollen Sie nicht Ihren ganzen Besitz aufgeben, sondern innerlich loslassen, also in Ihrer Vorstellung. Vergessen Sie nie: Alles verweilt nur vorübergehend bei uns, es kommt und geht irgendwann wieder. Ich verlange ja nicht von Ihnen, dass Sie alles weggeben. Was immer Sie besitzen und im Augenblick zu Ihrem Leben gehört, ist Ihnen anvertraut, auf dass Sie etwas Sinnvolles damit anfangen, aber nicht krampfhaft daran festhalten. Denn sobald Sie die Dinge zu besitzen versuchen – sei es auch nur im Geiste –, stellt sich automatisch Angst ein. Und Angst – Sie erinnern sich – ist Stress und Stress Schmerz. Nun hat man uns unsinnigerweise beigebracht, die Angst sei ein positiver, gesunder, ja lebensnotwendiger Gefühlszustand. Und so bemühen wir uns erst gar nicht, dieses Gefühl genauer zu verstehen, geschweige denn, uns davon zu befreien. Doch Angst tötet, und zwar denjenigen, der sie erzeugt hat – also Sie selbst. Deshalb ist ja auch an den meisten Erkrankungen ein psychosomatischer Faktor beteiligt, nämlich Angst. Jede Angst wurzelt in dem Wunsch, etwas oder jemanden zu kontrollieren oder festzuhalten – sei es in der Vorstellung oder ganz konkret.

Also, halten Sie sich stets zweierlei vor Augen. Erstens: Jene Seele, die Sie selbst sind, kann schlechterdings nichts besitzen. Zweitens: Wer nicht loslässt, in dessen Leben kann auch nichts Neues eintreten. Solange Sie das Glas nicht leeren, kann Ihnen niemand frisches Wasser einschenken. Wie Sie das Loslassen lernen? Notieren Sie all die »Dinge« – Überzeugungen, Ideen, Erinnerungen, aber auch konkrete Objekte, Menschen oder andere Gegebenheiten –, an die Sie sich in Ihrer Vorstellung oder im

Alltag besonders klammern. Knüpfen Sie sich diese Dinge dann einzeln vor, indem Sie überlegen, wie das Leben ohne sie wäre. Ja, spielen Sie dieses Leben in Ihrem Kopf durch, und gewöhnen Sie sich daran, ohne die auf Ihrem Zettel notierten Dinge auszukommen. Natürlich vergällen Sie sich dadurch nicht irgendwelche bestimmten Vorlieben; die werden Sie immer haben, aber eben nicht mehr krampfhaft daran hängen. Und so verringert sich die Angst, die mit diesen Fixierungen einhergeht. Im Folgenden werden wir etwas näher auf das wichtigste Ziel aller bedeutenden Erleuchtungslehren eingehen: das Loslassen.

Drei Dinge, die Sie nicht vergessen dürfen

1 Erwarten Sie nicht zu viel von sich. Machen Sie sich keine Vorwürfe, wenn Sie sich beim Festklammern an eine Sache oder ein Verhalten ertappen. Bleiben Sie ruhig. Lebenslange Gewohnheiten ändern sich nicht von heute auf morgen. Die hartnäckigste Gewohnheit ist ohnehin das Festklammern selbst – die reflexartige Neigung, unser Glück und unseren Seelenfrieden von Menschen oder Dingen abhängig zu machen. Dieser Reflex ist die Ursache dafür, dass wir jeden Tag Dutzende von Malen leiden müssen. Als vermeintliche Ursachen dieser Leidenszustände fallen uns meist nur fadenscheinige Gründe ein wie: »Na ja, so ist das Leben nun mal. Man kann nicht ständig glücklich sein.« Unsinn! Völlig falsch! Die schlichte Wahrheit lautet: Es gibt absolut nichts, was Sie wirklich besitzen können. Im Übrigen brauchen Sie nichts, um wahrhaft glücklich zu sein. Aus diesem Grund sind Menschen, die wenig besitzen, häufig wesentlich zufriedener als die Wohlhabenden.

2 Verlieren Sie nie den großen Gewinn aus den Augen, der Ihnen durch das Loslassen verheißen ist, nämlich: Sie werden all jene Ängste verlieren, unter denen Sie bis heute leiden.

3 Je bereitwilliger Sie loslassen, desto stärker fühlen sich andere Menschen von Ihnen angezogen. Wer loslassen kann, hat überdies mehr Ideen und die interessanteren Chancen im Leben. Das ist eine jener Paradoxien, von denen bereits mehrfach die Rede war.

Aber bitte, geben Sie jetzt bloß nicht Ihren ganzen Besitz weg, um die Wirksamkeit dieses Prinzips zu überprüfen. (Auf das eine oder andere könnten Sie allerdings durchaus verzichten.) Sobald Sie begriffen haben, wie ausweglos und leidvoll es ist, sich an Dinge und Vorstellungen zu klammern – das heißt, sich zum Sklaven der eigenen Gier zu machen –, werden Sie viele Gelegenheiten zum Loslassen überflüssiger Dinge nützen können. Loslassen bedeutet ja nicht primär, dass Sie Ihre berufliche oder soziale Position aufgeben, dass Sie sich mit einem geringeren Einkommen begnügen oder möglichst viel von Ihrem »Besitz« weggeben. Dies alles hat auch weiterhin seinen Stellenwert. Hier geht es vor allem um die innere Freiheit. Und die gewinnen Sie, wenn Sie die Dinge nicht als Ihren Besitz betrachten, sondern sich ihnen gegenüber eine neue Einstellung zulegen.

Wir sind nur Treuhänder

Wie überwinden wir jedoch die Illusion, dass Menschen und Dinge uns gehören, *jene Selbsttäuschung, die uns an Personen, Sachen und/oder Vorstellungen kettet? Das ist ganz einfach. Sie müssen sich nur klar machen: Diese »Dinge« besitzen Sie nicht, sondern sind Ihnen nur anvertraut. Deshalb müssen Sie sich zunächst eine neue Perspektive aneignen, bevor Ihre gewandelte Einstellung im Alltag Früchte tragen kann. Wird Ihrer Obhut dann etwas entzogen, das Ihnen zu treuen Händen überantwortet worden war (und das gilt letztlich für alles in Ihrem Leben), ist dieser Vorgang für Sie weder mit Schmerzen noch mit Kummer verbunden. Ja, Sie werden die »Dinge« ganz ohne Bedauern loslassen und diesen Vorgang in stiller Abgeklärtheit als völlig natürlich empfinden. Hören Sie also auf, die Dinge als Ihren Besitz zu betrachten, und begnügen Sie sich mit dem Status eines Treuhänders. Wenn Ihnen dies gelingt und Sie die Dinge im entsprechenden Augenblick bereitwillig loslassen, erwartet Sie eine Freiheit, die Ihr ganzes Leben verändert.*

DRITTES AHA!

Andere gelten lassen, wie sie sind

EINMISCHUNG IST SINNLOS. SIE BEWIRKT NUR, DASS WIR UNS SELBST VERLIEREN!

Eine weit verbreitete Besessenheit unter den Menschen ist die Einmischung in das Leben anderer – und sei es nur in Gedanken. Ja, viele von uns beschäftigen sich vor allem damit, das Leben anderer Leute zu führen, und vergessen darüber allzu gerne ihre eigenen Belange. In der Tat sind wir große Besserwisser, stets dazu getrieben, andere zu be- oder verurteilen: »Wie kann er/sie nur so was tun ... Wirklich ein schrecklicher Mensch ... Hast du schon gehört, was ... wieder angestellt hat? ... Also, nach meinem Empfinden geht das entschieden zu weit ... Ich begreife einfach nicht, wie er/sie so etwas tun kann ...« Damit verschwenden wir nur unsere Zeit, indem wir das Drehbuch anderer Leute schreiben, statt uns um unser eigenes zu kümmern. Wir besitzen nicht das Recht, anderen etwas vorzuschreiben. Probieren wir es trotzdem, ist dieser Versuch nicht nur müßig und frustrierend, sondern auch zum Scheitern verurteilt. Lassen Sie die anderen also einfach gelten, wie sie sind. Genießen Sie die Freiheit, sich nicht ständig den Kopf wegen Ihrer Mitmenschen zerbrechen zu müssen. Lassen Sie sie selbst das Drehbuch ihres Lebens verfassen. Passen Sie lieber auf, dass Sie nicht Ihr eigenes Leben versäumen, indem Sie – und sei es auch nur für Minuten – das eines anderen führen.

Wieso aber tappen wir so häufig in diese Falle? Die meisten von uns sitzen schon in jungen Jahren zwei schwer wiegenden Irrtümern auf: dem Glauben, dass wir andere kontrollieren können und dass die anderen dafür verantwortlich sind, wie wir uns fühlen. Doch inzwischen wissen Sie es ja besser. Sie haben die Sinnlosigkeit erkannt, andere kontrollieren zu wollen, und sich selbst als Urheber Ihrer Gefühle ausfindig gemacht – unabhängig davon was in Ihrer Umgebung geschieht. (Freilich erfordert es – wenigstens in der Theorie – ein wenig Übung, unsere Denk- sowie Verhaltensmechanismen entsprechend umzustellen.) Drängen Sie sich also nicht als Reisebegleiter auf, sofern Sie der andere dazu nicht ausdrücklich einlädt. Mischen Sie sich nicht ungebeten in die Dramen Ihrer Mitmenschen ein. Und falls doch einmal eine entsprechende Bitte an Sie ergeht, sollten Sie auf der Hut sein und sich nicht mit dem Leben und den Problemen des anderen identifizieren. Wahren Sie innerlich stets ein wenig Abstand. Das kommt auch demjenigen zugute, der Sie um Zuspruch und menschliche Unterstützung gebeten hat.

Selbst als Mutter oder Vater besitzen Sie nicht das Recht, in das Leben Ihrer Kinder hineinzupfuschen. Das ist nicht der Sinn der Elternschaft. Sie können der Seele – die Ihr Kind ist – lediglich Ihren Schutz und Ihre Fürsorge anbieten. Natürlich tragen Sie die Verantwortung für das physische und psychische Wohlergehen Ihres Nachwuchses und sollten ihm dabei helfen, die Welt zu verstehen und sich darin so einzurichten, wie es seinem eigenen Wesen entspricht. Entscheidend dabei ist jedoch nicht, was Sie sich für Ihr Kind wünschen, sondern was es selbst aus sich machen möchte. Sie können lediglich als fürsorglicher Mentor, Lehrer, Freund, Gefährte oder Vater dienen beziehungsweise sich als liebevolle Mutter bewähren. Dann werden Sie bald feststellen, dass Ihre

Kinder nicht nur von Ihnen profitieren, sondern dass auch Sie etwas von ihnen lernen können. Das Leben selbst ist die Schule; die heimischen vier Wände sind das Klassenzimmer, und Sie werden in rascher Folge immer neue Prüfungen zu bestehen haben.

Seien Sie also auf der Hut und halten Sie den Mund, wenn es bei Ihrer nächsten Unterhaltung vor allem darum geht, andere Menschen herabzusetzen. Wechseln Sie unauffällig das Thema. Nutzen Sie die Gelegenheit als Übung, einem Gespräch eine andere Richtung zu geben. Gewiss wird Sie diese neue Erfahrung zunächst faszinieren, vor allem wenn Sie es mit guten Bekannten zu tun haben. Aber in welche Richtung könnten Sie ein solches Gespräch nun lenken? Sprechen Sie doch einfach über geistige Dinge statt über andere Leute oder irgendwelche beliebigen Themen. Hüten Sie sich aber davor, Ihre Gesprächspartner mit Monologen zu langweilen. Erzählen Sie beispielsweise, welche neuen Erkenntnisse Sie in letzter Zeit gewonnen haben. Oder berichten Sie, wie beglückend und faszinierend es sein kann, die Dinge plötzlich aus einer ganz neuen Perspektive zu sehen. Sie lernen doch jeden Tag etwas hinzu, verändern und entwickeln sich … Wenn Sie so vorgehen, spüren Sie alsbald: Jetzt ist der passende Zeitpunkt zu fragen statt selbst zu sprechen, sich einfühlsam zu erkundigen statt Ihr Gegenüber zu »belehren«, zuzuhören statt zu reden beziehungsweise die anderen lediglich zu spiegeln, statt ihnen Ihre gesamten Erkenntnisse aufzudrängen. Falls Sie es geschickt anstellen, können Sie Ihre Gesprächspartner sogar für neue Sichtweisen gewinnen und sie von der Wichtigkeit der eigenen Entwicklung und Veränderung überzeugen. Jawohl, auch dies kann eine intelligente Gesprächsführung bewirken.

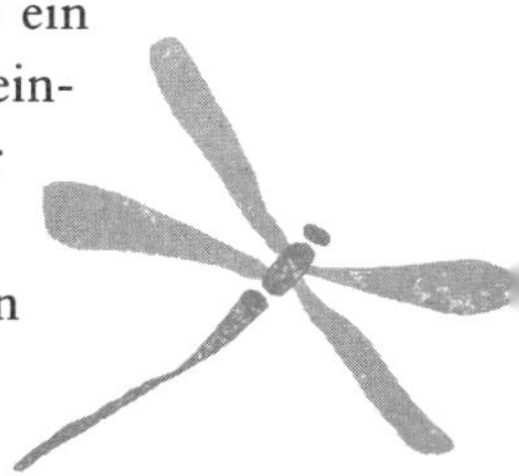

Mitgefühl und Vergeltung

Wenn Sie andere anzunehmen lernen, werden Sie rasch erfahren, welche Energie Sie durch die Kunst der Akzeptanz freisetzen können. Alles soll genau so sein, wie es jetzt ist. Werden Sie nun Zeuge, wie jemand etwas moralisch Falsches tut, etwa einen Menschen umbringt, ist es dann statthaft, einfach nur zuzuschauen? Dürfen Sie den Dingen in einer solchen Situation ihren freien Lauf lassen? Falls es in Ihrem Wohnzimmer zu einem derartigen Verbrechen käme, dürfte dies schon aus praktischen Gründen relativ schwierig sein. Denn in einer solchen Lage bleiben Ihnen nur zwei Optionen: entweder der Weg der Vergeltung oder der des Mitgefühls. Die Vergeltung hat zur Konsequenz, dass Sie selbst Schmerzen leiden, weil Sie sich mit dem Opfer identifizieren. Entscheiden Sie sich hingegen für das Mitgefühl, erkennen Sie: Der Täter leidet selbst Schmerzen und braucht Hilfe. Natürlich ist der Weg des Mitgefühls anspruchsvoller, sofern er in ein angemessenes Verhalten mündet. Rache dagegen bewirkt lediglich, dass alle Beteiligten unter Schmerzen leiden, dass also letztlich niemandem geholfen wird. Den größten Schmerz leidet übrigens derjenige, der die Vergeltung gewählt hat. Nur der Weg des Mitgefühls – also der Weg der aktiven Liebe – vermag letzten Endes die durch ein Unrecht entstandenen Wunden zu heilen.

VIERTES AHA!

Lauschen Sie in sich hinein

IHR INNERER LEHRER STEHT JEDERZEIT FÜR SIE BEREIT.

Eines ist allen Menschen gemeinsam: die Einzigartigkeit. Jeder von uns ist ein bewusstes Wesen in menschlicher Gestalt; alles Übrige – ob Rasse, Nationalität, Beruf, Philosophie oder Religion – ist zufallsbedingt, angelernt und dient lediglich dazu, in uns ein bestimmtes Identitätsgefühl zu erwecken. Im Herzen unseres Seins existiert nur eines: Bewusstsein. Begriffe wie Bewusstsein, Selbst oder Herz bezeichnen im Grunde ein und dieselbe Wirklichkeit. Bildhaft gesprochen ist unser Bewusstsein das Gefäß jener Wahrheit und Weisheit, die aus dem Grunde unseres Herzens aufsteigt. Mit »Herz« ist hier freilich nicht unser physisches gemeint, sondern das Herz beziehungsweise innerste Wesen unseres Bewusstseins. Im tiefsten Innern weiß jeder von uns, sowohl wer er ist als auch was Recht und Unrecht ist. Doch dann bringt man uns bei, nur die Außenwelt sei von Bedeutung. So kommt es, dass wir die Stimme der Wahrheit in uns irgendwann kaum noch beachten. Doch manchmal spricht diese Stimme zu uns, und wir sagen dann vielleicht: »Oh weh, mein Gewissen quält mich« oder: »Ich habe das dumpfe Gefühl, dass ich das jetzt lieber nicht tun sollte.«

Wie die meisten Menschen tendieren wahrscheinlich auch Sie dazu, diese Stimme zu ignorieren, ja, sie bewusst auszublenden. Das gilt vor allem dann, wenn Ihr Gewissen Sie von einem erhofften Vergnügen abhalten möchte sowie von Verhaltensweisen, die Sie an alte Gewohnheiten fesseln oder einen Zustand der Abhängigkeit zementieren. Doch wann immer Sie diese Stimme ignorieren beziehungsweise verdrängen, verletzen Sie sich selbst. Letztendlich verwandelt sich dieser Schmerz in aggressive, negative Gefühle oder löst gar Verhaltensstörungen aus. In der Tat lässt sich ein Großteil unseres Leids darauf zurückführen, dass wir so häufig die Stimme jener angeborenen Wahrheit überhören, die unser Erbteil ist und das – so oft übersehene – Zentrum unseres Bewusstseins ausmacht.

Deshalb ist es an der Zeit, dass Sie jene leise Stimme in Ihrem Innern endlich zur Kenntnis nehmen. Sie müssen das »innere Kind« in sich lieben und achten lernen – also jene Reinheit, Unschuld und bedingungslose Liebe wieder zur Geltung bringen, die Sie schon so lange vernachlässigt und ignoriert haben. Dazu bedarf es allerdings der inneren Ruhe, ohne die Sie weder Ihre innere Stimme hören noch sich mit sich selbst versöhnen können.

Nur diese innere Ruhe vermag Ihr Ohr für die Stimme Ihres inneren Lehrers und seine – auch als Intuition bezeichneten – Unterweisungen zu öffnen. Erst mit der gebotenen Wertschätzung gegenüber der Weisheit, die am Grunde Ihres Seins verborgen liegt, können Sie Ihre Achtsamkeit nach innen lenken und die Botschaften Ihrer inneren Stimme tatsächlich hören. Allerdings haben Sie inzwischen vermutlich weitgehend verlernt, was »zuhören« eigentlich bedeutet. Mit Ihrem Selbstvertrauen ist es wahrscheinlich auch nicht weit her. Deshalb müssen Sie etwas Geduld aufbringen, um sich für die Stimme in Ihrem Innern erneut zu sensibilisieren. Nehmen Sie sich heute etwas Zeit. Setzen Sie sich ganz ruhig und entspannt hin und lauschen Sie aufmerksam in sich hinein. Was Sie dort hören, wird Sie vermutlich überraschen. Machen Sie diese Übung fortan jeden Tag. Vergessen Sie jedoch nicht, dass Sie lediglich zuhören sollen und nicht in den gewohnten inneren Dialog mit sich selbst eintreten dürfen. Sie sind der Denker, nicht die Gedanken. Sie bringen Ihre Gedanken zwar hervor, sind aber nicht mit ihnen identisch. Sie selbst sind ganz still. Der »Lärm«, den Sie hören, rührt ausschließlich von Ihren Gedanken und Gefühlen her. Sobald Sie zu Ihren Gedanken und Gefühlen auf Abstand gehen, kehrt in Ihrem Innern Friede ein. Erst dann können Sie die Stimme jener uralten Weisheit hören, die Ihr Erbteil ist.

Lauschen Sie der Weisheit Ihrer inneren Stimme. Stellen Sie ihr dann eine wichtige Frage oder legen Sie ihr eine schwierige Entscheidung zur Beurteilung dar. Verlangen Sie jedoch keine Antwort. Machen Sie keinerlei Anstalten, eine wie immer geartete Lösung Ihres Problems zu erzwingen. Stellen Sie die Frage, leben Sie ein paar Augenblicke in der Frage, gehen Sie dann Ihrer Wege und kümmern Sie sich um das gerade Anstehende. Wenn der richtige Zeitpunkt gekommen ist, wird die Antwort vor Ihrem geistigen Auge erscheinen. Und das ist in der Tat ein ultimatives Aha-Erlebnis. Doch damit ist die Sache noch nicht erledigt. Zuerst müssen Sie sich nämlich bei Ihrer inneren Stimme gebührend dafür bedanken, dass sie Ihnen die gewünschte Auskunft erteilt hat. So können Sie allmählich die Barriere abbauen, die Sie zwischen sich selbst und der Wahrheit, sich selbst und Ihrer angeborenen Weisheit, Ihrem Alltagsbewusstsein und Ihrem Selbst errichtet haben. Ist dies einmal gelungen, ist die Erleuchtung zum Greifen nahe.

Sollten Sie einmal eine mit Zweifeln behaftete Antwort erhalten, empfiehlt es sich immer, noch einen klugen und erfahrenen Menschen um Rat zu fragen. Überprüfen Sie zudem, ob die Antwort Ihrer inneren Stimme durch Furcht oder Hass beeinflusst sein könnte. Falls ja, müssen Sie abermals geduldig in sich gehen, Ihre Ängste und Ihren Hass anerkennen und sich dann mit diesen Gefühlen innerlich versöhnen.

Oasenmomente

Da wir tagaus, tagein in Bewegung sind, gönnen wir uns nur selten Zeit für uns selbst. Damit ist freilich nicht gemeint, dass wir die Zeitung lesen oder in einer Bar abhängen. Zeit für sich selbst nehmen beinhaltet vielmehr, ruhig dazusitzen und sich für das eigene Selbst zu öffnen. Machen Sie es sich zur Gewohnheit: Ziehen Sie sich drei- oder viermal am Tag kurz auf eine Oase zurück, innerlich. Geben Sie sich in diesen Momenten der Meditation oder der Reflexion hin, jenen beiden bewährten Verfahren, die Sie Ihren inneren Frieden finden und neue Kraft schöpfen lassen. Denken Sie nicht darüber nach. Tun Sie es einfach.

FÜNFTES AHA!

Alles akzeptieren

LEISTEN SIE NIEMALS WIDERSTAND, WEIL DAS, WOGEGEN SIE SICH AUFLEHNEN, DADURCH NUR STÄRKER WIRD UND DER KAMPF UMSO LÄNGER DAUERT.

Ist Ihnen je aufgefallen, dass innere Widerstände genau das verstärken, wogegen wir uns zur Wehr setzen? Das Objekt unserer größten Ablehnung verschafft sich am nachdrücklichsten Geltung. Sieht ganz so aus, als hätten wir es hier mit einem ehernen kosmischen Gesetz zu tun. Ganz gleich ob sich Individuen, Gruppen oder Nationen gegeneinander stellen: Wenn zwei Kräfte aufeinander treffen oder eine Kraft einer anderen Widerstand entgegensetzt, ist ein dauerhafter Konflikt bereits vorprogrammiert. Wir alle finden immer wieder Anlässe, andere Menschen abzulehnen oder ihnen Widerstand zu leisten. Wir alle sitzen abends liebend gerne im Sessel vor dem Fernseher und »kämpfen« gegen Dinge, die uns in den Abendnachrichten aufstoßen. Dabei übersehen wir jedoch, dass wir gerade die Dinge oder Personen mit unserer Energie vollpumpen, denen wir uns im Geiste oder auch konkret am heftigsten widersetzen – sei es »dort draußen« oder in unserer Vorstellung. Diese permanente Oppositionshaltung wird allmählich zur Gewohnheit.

Ganz einfach deshalb, weil wir alle im Grunde unseres Herzens meinen, die Welt habe sich gefälligst nach uns zu richten. Geschieht dies nicht, verwandelt sich unsere Wut – je länger desto mehr – in bornierten Widerstand. Sobald wir uns aber gegen Menschen oder Dinge auflehnen, erzeugen wir automatisch Angst in uns selbst. Ja, im Grunde genommen hat unser ganzer Widerstand nur eine Ursache: Angst. Wieso? Weil wir insgeheim glauben, dass alles nach unserer Pfeife tanzen müsste, was natürlich lediglich eine lächerliche Illusion ist.

Aber auch wenn Sie andere Menschen oder Situationen zu beeinflussen wünschen, gibt es nur einen Weg: Akzeptanz. Wenn Sie jemanden entwaffnen möchten, bleibt nur eines: Akzeptanz. Wenn Sie einen anderen dazu ermutigen und motivieren wollen, sich zu verändern, gilt nur eines: Akzeptanz. Wenn Sie in irgendeiner zwischenmenschlichen Beziehung einen Konflikt lösen möchten, hilft nur eines: Akzeptanz. Ja, sogar wenn Sie eine Führungsrolle übernehmen möchten, haben Sie nur eine Wahl: Akzeptanz, und zwar bedingungslose Akzeptanz. Ansonsten ist Ihre Akzeptanz nichts anderes als ein innerer Widerstand, der in einem anderen Gewand daherkommt: Im Grunde genommen möchten Sie nur Kontrolle ausüben. Und der Wunsch nach Kontrolle ist, wie wir bereits gesehen haben, stets von Angst diktiert. Durch Akzeptanz treten Sie mit der Energie eines Menschen oder der Dynamik einer Situation in Verbindung. Und nur wenn Ihnen dies gelingt, können Sie tatsächlich Einfluss ausüben. Sobald Sie jedoch einen inneren Widerstand aufbauen, ist die Verbindung bereits gekappt; der gewohnte Kontrollmechanismus macht sich erneut geltend und die alten Barrieren sind augenblicklich wieder aufgebaut.

Das Gleiche gilt für Ihre Psyche. Sie sind ja im Grunde Ihres Herzens ein friedvoller, geduldiger und weiser Mensch. Sobald

Sie jedoch gegen Ihre gewohnheitsmäßige Angst und Ihre chronische Wut ankämpfen, verstärken sich diese Gefühle. Das führt zu einer immer höher werdenden Barriere zwischen Ihnen selbst und Ihrem Frieden, Ihrer Weisheit sowie Ihrer Geduld. Wenn Sie sich zwanghaft zu verändern suchen, leisten Sie dem gewünschten Verwandlungsprozess automatisch Widerstand. Meist handelt es sich dabei um alte, in der Vergangenheit selbst kreierte Gewohnheiten, deren wir uns entledigen möchten. Denken Sie stets daran: Sie sind nicht identisch mit Ihren Gewohnheiten. Identifizieren Sie sich dennoch damit oder behaupten sogar: »So bin ich nun mal«, geraten Sie augenblicklich in Konflikt mit sich selbst, wann immer Sie sich einer solchen Gewohnheit widersetzen. Sie legen sich also mit sich selbst an. Die Konsequenz: Sie machen Ihre unliebsam gewordene Gewohnheit umso stärker, sie beraubt Sie Ihrer Energie und schwächt Ihre Fähigkeit, neue positive Denk- und Verhaltensmuster zu entwickeln.

Das krampfhafte Bemühen, sich zu verändern, führt zu einem Kampf mit sich selbst und der wiederum dazu, dass sich in Ihrem Unterbewusstsein ein emotionaler Stau aufbaut. Es ist daher nur eine Frage der Zeit, wann diese Energie explodiert. Wenn wir uns verändern und mit uns selbst aussöhnen möchten, müssen wir uns vor allem selbst akzeptieren, dürfen weder in Konflikt mit uns selbst geraten noch uns selbst ablehnen. Wir alle haben – meist schon in der Kindheit – gelernt, uns in dieser oder jener Hinsicht abzulehnen, nur sind wir uns dessen meist nicht bewusst. Sobald wir uns als kleine Steppkes von einem für uns wichtigen Erwachsenen nicht angenommen fühlen oder uns von einem sich selbst nicht akzeptierenden Erwachsenen mit dieser Krankheit

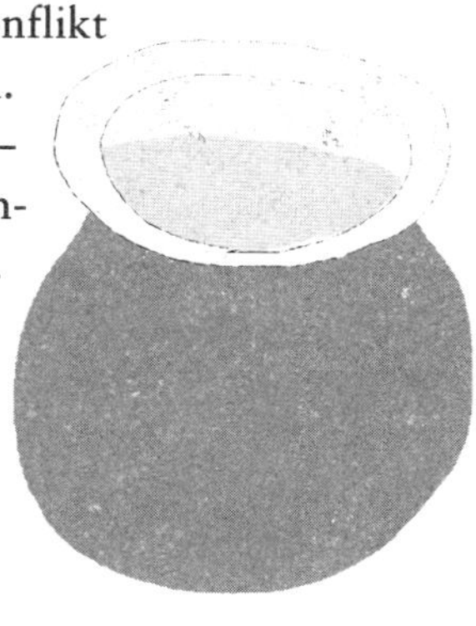

infizieren lassen, fangen wir uns jene Stimme der Selbstablehnung ein. Und die begleitet uns für den Rest unserer Tage. Diese Stimme flüstert uns ebenso ein, auch andere abzulehnen, und das kann sich später in unseren zwischenmenschlichen Beziehungen fatal auswirken. Machen Sie es sich deshalb zur Gewohnheit, alle Gefühle und Gedanken zu akzeptieren, die in Ihr inneres Blickfeld geraten. Lernen Sie zuerst, solche inneren Regungen überhaupt wahrzunehmen, sie einfach zu beobachten, zur Kenntnis zu nehmen und sie dann zu akzeptieren. Nur so lassen sich derartige Empfindungen in unsere Gesamtpersönlichkeit integrieren. Anhand dieser Vorgehensweise lernen Sie allmählich die Bedeutung der Selbstakzeptanz kennen. Diese Selbstakzeptanz wiederum ist Voraussetzung, um sich selbst lieben zu können. Und das Einzige, was Ihnen dabei hilft, sich mit sich selbst auszusöhnen, ist bekanntlich die Liebe.

Doch Akzeptanz allein reicht nicht aus, um unliebsame Denkgewohnheiten, Gefühlsmechanismen und/oder Verhaltensmuster außer Kraft setzen zu können. Schritt zwei besteht darin, die Stimme der Selbstkritik und -ablehnung – die Ursache unserer inneren Widerstände und Ängste – aus sicherer Distanz zu beobachten. Schritt drei: Wir müssen unser Wissen und unsere ererbte Weisheit dazu nutzen, neue Denkgewohnheiten, Gefühlsmechanismen und Verhaltensmuster in uns zu etablieren.

Wenn Sie sich mit einem unangenehmen oder negativen Gefühlszustand herumplagen, dürfen Sie sich dieser Emotion keinesfalls hingeben. Akzeptanz bedeutet nicht, dass wir uns in selbstgefälligem Masochismus suhlen, der das betreffende Gefühl nur verstärkt. Akzeptieren Sie einfach Ihre Empfindungen und nehmen Sie sie aus sicherer innerer Distanz zur Kenntnis. Dann werden sich diese fraglichen Gefühlszustände rasch verflüchtigen. Eines mögen Gefühle nämlich gar nicht: dass man sie mit einem distanziert nüchternen Blick beobachtet. Bedenken Sie auch: Wahre Liebe ist kein Gefühl! Liebe ist unsterblich, deshalb brauchen wir uns auch nicht in sie hineinzusteigern. Die Liebe ist immer schon da. Sie wartet nur darauf, dass wir sie zum Ausdruck bringen.

Medikation und Meditation

Es gibt drei Arten, wie wir Liebe erfahren und zum Ausdruck bringen können: körperlich, mental und spirituell. Auch Schmerzen lassen sich diesen drei Kategorien zuordnen. Ihrer besonderen Aufmerksamkeit bedürfen mentale und emotionale Schmerzen; schließlich wissen nur Sie, was und warum Sie etwas empfinden und welche Veränderungen Sie an sich vornehmen sollten. Zwei Verfahren eignen sich besonders zur Linderung spiritueller Schmerzen: das Studium der alten Weisheitslehren und die Meditation. Um Ihren Körper – also das Gefäß Ihres Selbst – zu heilen, sind mitunter Medikamente erforderlich. Die beste Medizin für Ihre Seele – also für Ihr Selbst – ist die Meditation. Bedenken Sie stets: Körperliches Wohlbefinden setzt eine gesunde Seele voraus. Negative Gedanken können Sie sich deshalb schlicht nicht leisten!

SECHSTES AHA!

Selbsterkenntnis

RICHTIG LEBEN KANN NUR, WER WEISS, WER ER WIRKLICH IST.

Ja, wer sind Sie eigentlich? Oder was sind Sie? Sind Sie mit Ihrem Beruf identisch oder vielleicht mit Ihrer nationalen Herkunft? Ist jemand, der in einem Stall zur Welt kommt, deswegen schon ein Pferd? Oder sind Sie womöglich mit dem Namen identisch, mit dem Sie gerufen werden? Oder mit Ihrem Glaubensbekenntnis? Wenn jedoch keine dieser – natürlich dazu völlig untauglichen – Kategorien erklärt, wer Sie eigentlich sind, was sind Sie dann wirklich? Wer sind Sie? Nichts Bestimmtes? Als was sollen wir Sie also definieren? Als ein »Nichts« oder vielleicht »Nichts Bestimmtes«? Und welche Prädikate bleiben dann noch übrig? Bewusstheit? Bewusstsein? Seele? Geist? Oder sind diese Prädikate auch nur Etiketten? Wissen Sie um die Bedeutung, unabhängig von all diesen Etiketten einfach nur Sie selbst zu sein? Ein Selbst. Ein Individuum, mit Bewusstheit und mit Freiheit ausgestattet. Ein sich seiner selbst bewusstes Selbst. Ja, das sind Sie. Aber sagen Sie das mal an der Passkontrolle!

Die in unserer Welt übliche Sprache begnügt sich mit Etikettierungen. Aber obwohl das Etikett auf einer Schachtel oder an einem neuen Kleidungsstück nicht mit der Sache identisch ist, die es bezeichnet, haben wir beides gleichzusetzen gelernt. Wir glauben mit den Aussagen dieser Etikettierungen identisch zu sein. Wird uns dann ein solches Etikett genommen, fühlen wir uns in unserer Existenz bedroht. Manche von uns erklären sich für solche Etiketten sogar zum Sterben oder Töten bereit. Doch wir sind weder mit unserer Nationalität, unserem Geschlecht, unserer Rassenzugehörigkeit noch mit unserem religiösen Bekenntnis identisch. Trotzdem hämmert man uns pausenlos ein, dass genau dies der Fall sei. Reichlich »unterbelichtet«, nicht wahr? Diesem Trugschluss verdanken wir es schließlich, dass wir unser Leben so oft als wahre »Tor-Tour« empfinden.

Dass uns die Menschen in unserer Umgebung oft besser kennen als wir selbst, überrascht nicht weiter. Wie sollte es anders sein? Schließlich hat uns niemand beigebracht, wie wichtig es ist, sich selbst zu (er)kennen. Ein berühmter griechischer Philosoph sagte einmal: »Ein Leben, das sich selbst nicht kennt, ist nicht wert, gelebt zu werden.« Und so verhält es sich in der Tat. Nur wenige kennen sich selbst. Sich selbst zu kennen heißt zu wissen, was unsere wahre Identität (Geist), unser wahres Wesen (Friede) und unseren wahren Daseinszweck (schöpferisches Wirken, Geben und Empfangen) ausmacht. Indem wir dies wirklich durchschauen, erkennen wir auch, woher Gefühlszustände wie Wut, Depressivität, Schmerz, Unbehagen, Leere und Gier kommen. Nur wer sich selbst kennt, weiß um die Entstehung solcher Gefühle und den Grund, warum wir mit ihnen stets aufs Neue zu tun haben. Menschen, die sich selbst fremd sind, geraten immer wieder in seelische Bedrängnis; sie werden von dem Gefühl gequält, dass ihr Dasein ohnehin völlig sinn- und wertlos sei.

Konfrontieren Sie sich mit der Frage: Wer oder was bin ich, und warum bin ich hier? Warten Sie geduldig auf eine Antwort, hören Sie auf Ihre Intuition und Sie werden Klarheit erhalten. Falls es Ihnen hilft, können Sie zu Beginn auch folgendermaßen vorgehen: Schließen Sie aus Ihren Erwägungen alles aus, was Sie *nicht* sind – also all jene Etikettierungen, von denen weiter vorne die Rede war –, und dann schauen Sie, was noch übrig bleibt. Es gibt Leute, die ihre Identität zu verlieren fürchten, wenn sie dies tun. Keine Angst! Sie haben Ihre Identität bereits an zahllose Etikettierungen und Zuschreibungen verloren, mit denen Sie fälschlicherweise, weil so gelernt, Ihr Selbst beschreiben. Eine Ahnung von Ihrem wahren Selbst erhalten Sie ohnehin erst, wenn Sie sich von den bereits erwähnten Etikettierungen befreien. Dieses authentische Selbstbewusstsein lässt sich begrifflich nicht fassen, deswegen ist die Meditation eine so wirksame Technik, um diesen Zustand zu erreichen.

Begeben Sie sich also ganz bewusst auf Entdeckungsreise, wer oder was Sie wirklich sind – unabhängig von allen Etikettierungen und vergänglichen Identitäten (beispielsweise Ihrer beruflichen und sozialen Stellung, Ihrer Nationalität, Ihres Glaubenssystems etc.). Andernfalls könnte Ihnen dasselbe Schicksal drohen wie den meisten heutigen Menschen, die auf die Welt kommen, leben und schließlich sterben, ohne je zu erfahren, wer sie wirklich sind.

Erinnern Sie sich stets daran: So wie Sie sich selbst sehen, sehen Sie auch die Welt. Von dieser Sicht hängt es ab, was Sie der Welt geben können. Und noch eins: Was Sie der Welt geben, erhalten Sie von der Welt zurück. Aber das wissen Sie ja ohnehin schon, nicht wahr?

Identität ist Schicksal, vergessen Sie das nicht!

Schatzsuche

Vielen Leuten ist die Vorstellung absurd, sich selbst kennen zu lernen. Ja, diese Vorstellung steht in einem so krassen Widerspruch zu allem bisher Gelernten, dass sie darin eine welt- und lebensfremde Spinnerei sehen. Malen Sie sich mal Folgendes aus: Mit achtzig stellen Sie plötzlich fest, dass Sie bereits als Zwanzigjähriger das Potenzial gehabt hätten, ein geistreicher, kluger, ja spiritueller Mensch zu sein – nur haben Sie diese latenten Fähigkeiten gar nicht erkannt! Die in uns verborgenen Schätze können wir nur ausgraben, wenn wir uns selbst kennen und uns selbst zu steuern vermögen. Vermeiden Sie deshalb, im Leben nur nach außen zu blicken. Richten Sie Ihre Aufmerksamkeit regelmäßig nach innen. Dann werden Sie ziemlich schnell erkennen, welche »Schatzsuche« sich wirklich lohnt. Eine Landkarte halten Sie bereits in der Hand. Jetzt müssen Sie nur noch die Reise antreten.

SIEBTES AHA!

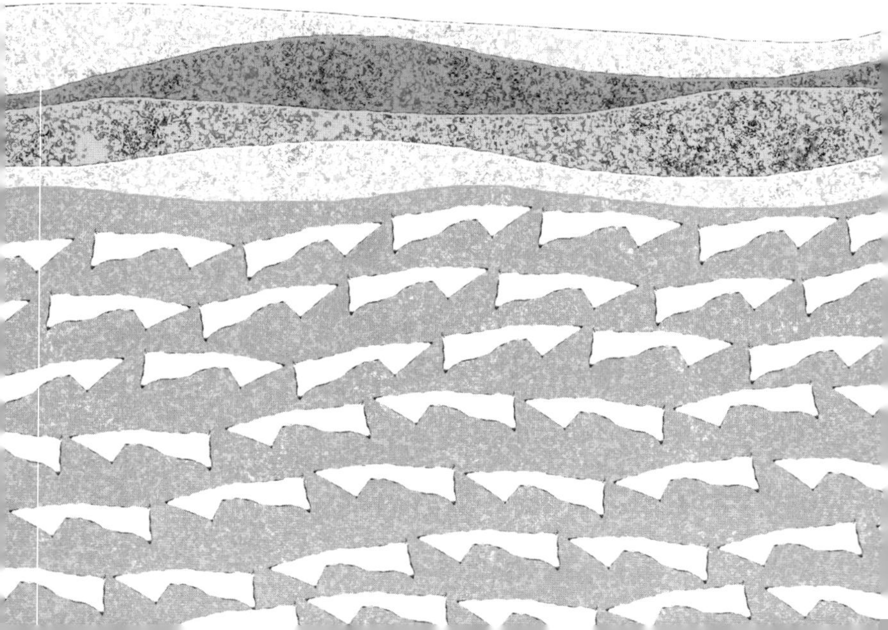

Den Dingen ihren Lauf lassen

WAS UNS DAS LEBEN SCHENKT, IST UNS ZUR BENUTZUNG, NICHT ALS BESITZ ÜBEREIGNET! WER DIE »DINGE« WIDERSTANDSLOS WEITERREICHT, MACHT NICHT NUR DIE »DINGE«, SONDERN AUCH SICH SELBST REICHER.

Das Leben beschenkt uns nicht nur mit Dingen, sondern auch mit »Sachen«, die keine Dinge sind. Alles, was unser Dasein erleichtert und bereichert, ist ein solches Geschenk: ob das Geld in unserer Tasche oder eine neue Erkenntnis, ob Gebrauchsgegenstände oder eine glänzende Idee. Ja, selbst die Chancen, die sich uns bieten, sind derartige Gaben. Solche »Sachen« treten irgendwann in unser Leben, und irgendwann kommt der Zeitpunkt, uns wieder von ihnen zu trennen. Es ist nun einmal ein Grundzug unseres Daseins, dass alles fließt.

Aber nicht nur das: Unentwegt führt uns der Fluss des Lebens neue »Dinge« zu. Sich diesem Strom zu überlassen beinhaltet: Wir akzeptieren, was des Weges kommt, und nutzen es sinnvoll, bevor wir es wiederum dem Fluss der »Dinge« überantworten.

Sich diesem Fluss hinzugeben heißt aber auch, die »Dinge«, die das Leben uns zuspielt, vorbeiziehen zu lassen, ohne uns an sie zu hängen oder sie gar aufhalten zu wollen.

Sobald Sie festhalten möchten, was auf Sie zukommt, blockieren Sie den Fluss des Lebens. Innerlich verspüren Sie sofort einen unangenehmen Druck, und zwar einen selbst erzeugten. Bei innerlichem Druck lohnt sich also die Überlegung, ob es vielleicht irgendetwas gibt, das Sie an jemand anderen weiterreichen sollten. Wann immer Sie sich in Bedrängnis fühlen, gilt die Frage: Was sollten Sie wieder loslassen und dem Fluss des Lebens überantworten? Manchmal ist es aber auch nur unsere Art zu denken, uns stünde etwas im Weg. Ergehen Sie sich in negativen Gedanken? Ja? Dann ist es höchste Zeit, dass Sie diese Vorstellungen in Ihren inneren Mülleimer werfen, statt andere damit zu behelligen. Verbrennen Sie diesen Müll, und anschließend wird Sie eine tiefe Zufriedenheit erfüllen. Sie werden sich so entspannt fühlen wie vielleicht noch nie in Ihrem ganzen Leben.

Die schönste Metapher für das Leben ist der Fluss beziehungsweise Strom. Wir alle werden vom Strom des Lebens getragen, gleichzeitig ist jeder für sich ein eigener Fluss. Doch was tut ein Fluss eigentlich auf dem Weg vom Gebirge zum Meer? Was ist sein Daseinszweck? Richtig. Er bahnt sich seinen Weg. Er trägt Dinge stromabwärts. Er bietet zahllosen Lebewesen einen Lebensraum. Doch sein höchster Daseinszweck besteht darin, alle Lebewesen, die ihm auf seinem Weg zum Ozean begegnen, zu nähren und mit dem Notwendigen zu versorgen: Felder, Blumen, Bäume, Tiere und natürlich uns Menschen – Sie und mich. Wir alle werden von dem Fluss genährt. Das Gleiche gilt für unser ganzes Dasein. Warum sind wir hier? Welche Aufgabe hat uns das Leben zugedacht? Ganz klar, der Sinn unseres Daseins ist: anderen auf unserer Lebensreise zu geben und von ihnen zu empfangen. Die wundervollste Nahrung, die wir unseren Mitmenschen geben können, ist Weisheit. Und gelebte Weisheit zeichnet sich dadurch aus, dass sie schenkt, ohne eine Gegenleistung zu erwarten. Sie gibt, was immer uns selbst zuteil geworden ist, an andere und an die Welt weiter.

Das ist auch der Grund, weshalb Arbeit eigentlich keine Arbeit ist. Wenn Sie morgens Ihren Arbeitsplatz aufsuchen, dann nicht etwa, um einen Job zu erledigen, Geld zu verdienen und sich möglichst rasch wieder zu verdrücken! Nein, Sie sind Teil eines Beziehungsgeflechts, dem Sie etwas von sich geben und von dem Sie etwas erhalten. Ja, Sie sind dort, um – wie der erwähnte Fluss – das Leben anderer Menschen zu bereichern und ihnen etwas von der Energie, also Ihrem kostbarsten Gut, zu überlassen. Jede Ihrer zwischenmenschlichen Beziehungen bietet Ihnen diese Chance. Sie können sie nutzen, indem Sie anderen dienen, sie beschenken und sie teilhaben lassen an den Schätzen Ihrer Seele. Um dieser wundervollen Aufgabe zu genügen, brauchen Sie weder einer bestimmten Religion noch einem geistlichen Orden anzugehören. Seien Sie einfach für Ihre Mitmenschen da; geben Sie mehr, als Sie es bislang für nötig erachtet haben. Jede Berührung mit einem anderen Menschen im Strom des Lebens bietet Ihnen die Gelegenheit zu geben und zu empfangen. Beherzigen Sie dies, beantwortet sich die Frage nach dem Sinn Ihres Lebens ganz von allein. Sie können endlich den Teufel verscheuchen, der auf Ihrer Schulter hockt und Sie unentwegt mit der Frage quält: »Wozu das alles?« Es wird Ihnen wie Schuppen von den Augen fallen, und Sie werden plötzlich wissen, was das ist: wahres Glück, wahre Liebe und wahrer Friede. Warum schlüpfen Sie morgen nicht einfach in die Rolle eines Forschers und machen den Test? Welche Wirkung hat es auf die anderen und Sie selbst, wenn Sie das, womit das Leben Sie bedacht hat, ohne Zaudern an die Menschen in Ihrer Umgebung weiterreichen.

Anbieten – nicht aufdrängen

Aber vergessen Sie nicht: Sie dürfen weder sich selbst noch Ihre Gaben anderen aufdrängen. Viele Menschen sind nicht in der Lage, von einem anderen etwas anzunehmen. Geben Sie deshalb so, dass es von Ihrer Umgebung kaum bemerkt wird. Machen Sie beispielsweise einem Menschen in Ihrem Umfeld eine Anregung aus diesem Buch zum Geschenk, ganz unaufdringlich. Offerieren Sie es zunächst und überreichen Sie Ihr »Präsent« erst mit der Annahme Ihres Angebots. So geben Sie der zur Lektüre dieses Buches verwendeten Zeit einen zusätzlichen Wert. Außerdem: Sie werden einen Gedanken, den Sie einem anderen auf diese Weise mitteilen, nie mehr vergessen. Ein solches Geschenk – von Herz zu Herz – ist das Beste, was Sie anderen und sich selbst antun können. Ja, solche Herzensbegegnungen sind der wahre Grund, weshalb wir hier sind.

Erleuchtung braucht Zeit

NOCH SIND IHRE SCHLEUSEN OFFEN

Haben Sie schon überlegt, warum sich eine tief greifende Veränderung unserer Persönlichkeit nicht über Nacht einstellt? Oder wieso eine solche Verwandlung überhaupt nur wenigen Menschen gelingt – trotz all der wundervollen Bücher, Seminare und allgegenwärtigen Gurus, die uns die tiefsten Weisheiten und Wahrheiten angeblich frei Haus liefern? Ich sage Ihnen warum. Es kommt nicht darauf an, wie viel Weisheit und Erkenntnis Sie konsumieren oder wie viele Erleuchtungstechniken Sie beherrschen; ebenso wenig, wie viele Bücher Sie lesen, Seminare besuchen oder kostspielige Therapien über sich ergehen lassen. Das alles bewirkt gar nichts, solange Sie nicht eines tun: Ihre »Schleusen schließen«, auch wenn Ihnen diese Mühe – wie den meisten Menschen – gegen den Strich geht.

Aber was heißt die »Schleusen schließen«? Im emotionalen Bereich – dort, wo wir die meiste Bewusstseinsenergie verschwenden – sind die hier gemeinten Schleusen: Gefühlszustände wie Angst, Wut, Depressivität. Solange wir den Charakter unserer Angst, Wut und Depressivität nicht durchschauen und uns nicht von diesen Gefühlen befreien können, ist keine tief greifende persönliche Wandlung möglich.

Weisheit, Wahrheit und Erkenntnis sind Quellen der Kraft. Sie sammeln Kraft, wann immer Sie lesen, zuhören, etwas sehen, über etwas nachdenken beziehungsweise sich überlegen, was recht und wahr ist – wann immer Sie sich innerlich neue Möglichkeiten erschließen, um Ihr Leben sinnvoller zu gestalten. Auch jedes Aha-Erlebnis ist ein solcher Energieschub. Deshalb fühlen wir uns nach der Lektüre eines Buches oder dem Besuch eines Seminars innerlich gestärkt. Doch solange Sie nicht Ihre inneren Schleusen schließen, wird diese Energie innerhalb von Tagen oder Stunden wieder verpuffen.

Nur die wenigsten von uns bemühen sich um eine ernstliche Auseinandersetzung mit dem Charakter dieser Schleusen. Meist gehen wir nämlich davon aus, dass die von diesem Energieverlust begleiteten Störungen ganz normal, ja sogar positiv, nützlich oder hilfreich seien. Aber das ist eindeutig falsch. Diese Schleusen mit einer positiven Rolle in unserem Seelenhaushalt zu bekleiden, ist schlicht Selbstbetrug. Angst, Wut und Depressivität verursachen eine Reihe unangenehmer Folgezustände wie Reizbarkeit, Anspannung, Nervosität, Hass, Ängstlichkeit, Unsicherheit, Frustriertheit, Melancholie etc. Sie tragen nichts dazu bei, aus uns liebevollere, zufriedenere, mitfühlendere, friedliebendere oder glücklichere Menschen zu machen.

Unsere antrainierten Überzeugungen lassen uns meist nicht erkennen, dass Gefühle wie Wut, Angst oder Traurigkeit uns unserer mentalen und spirituellen Energie berauben, uns also letztlich schwächen. Man hat uns beigebracht, Wut sei ein Zeichen von Stärke – aber genau das Gegenteil ist der Fall. Achten Sie einmal ganz bewusst darauf, wie es Ihnen nach einem Wutausbruch geht. Fühlen Sie sich vor Kraft strotzend oder eher ausgelaugt? Tausendmal wurde uns eingebläut, dass Angst ein notwendiges Übel sei, sonst würden wir keine Termine einhalten und nichts erledigt bekommen. Aber die Wahrheit ist: Angstgefühle lähmen uns nur. Wie fühlen Sie sich denn, nachdem Sie mit Ach und Krach einen Termin geschafft haben, vor Kraft strotzend oder ausgelaugt? Ein weiterer Punkt: Wir haben gelernt, dass zu einer guten Geschichte nun einmal eine gewisse Portion Tragik gehöre. Also stellen wir uns schon mal auf die entsprechenden »sentimentalen« Gefühle ein, sobald wir uns einen Film anschauen oder »gute« Musik hören. Aber wie fühlen Sie sich nach einem solchen Kunsterlebnis: vor Kraft strotzend oder doch eher ausgelaugt? Wie können wir denn erwarten, dass traurige Gefühle uns aufbauen, obwohl sie uns in Wahrheit herunterziehen? Und was vermag Wut in zwischenmenschlichen Beziehungen schon Positives auszurichten? Bewirkt sie doch nur, dass das jeweilige Opfer sich abschottet und seinen Hass in sich hineinfrisst. Warum soll Angst gesund sein? Sie erhöht bedrohlich unsere Herzfrequenz, verursacht eine bedenkliche Adrenalinausschüttung und beeinträchtigt ganz erheblich unser Allgemeinbefinden.

Trotzdem hängen wir mit solcher Inbrunst an diesen lächerlichen Dogmen sowie an den Symptomen der erwähnten Gefühlszustände, dass wir sie vehement verteidigen. Wir reagieren völlig verständnislos, sobald uns jemand zu erzählen wagt: Diese

Gefühle würden uns nicht nur unserer Energie berauben, sondern uns in letzter Konsequenz sogar umbringen, wenn wir unser Bewusstsein von ihnen vergiften ließen.

Ja, so einfach ist das. Natürlich ist es gut, wenn Sie sich durch die Weisheiten der alten Meister inspirieren lassen. Oder wenn Sie an einem Selbstfindungsseminar teilnehmen und sich hinterher besser fühlen. Oder wenn Sie ein Aha-Erlebnis haben. Doch genauso wichtig ist es, die Schleusen zu schließen – das heißt, Gefühle der Wut, Angst oder Niedergeschlagenheit gar nicht erst in sich aufkommen zu lassen. Sonst ist die Energie, die Sie »getankt« haben, sofort wieder dahin. Befreien Sie sich also von Ihrer Angst, verbannen Sie Ihre Wut und lassen Sie Ihre Traurigkeit einfach los. Gelingt Ihnen das, liegt der Weg der Erleuchtung offen vor Ihnen; Sie können aufs Neue mit Ihrer ererbten Weisheit und Ihrer persönlichen Kraft zu einer Einheit verschmelzen.

Doch wie stellt man das nun an – die Schleusen schließen? Wenn es Ihnen mit Ihrer inneren Verwandlung tatsächlich ernst ist, Ihnen das »Erwachen« wirklich am Herzen liegt und in Ihnen die Liebe zur Wahrheit glüht, werden Sie gewiss einen Weg finden.

Am besten, Sie lesen dieses kleine Buch gleich ein zweites Mal. Alles, was Sie brauchen, ist dort beschrieben. Falls es dann noch Unklarheiten gibt, fragen Sie einfach.

ERSTE SCHRITTE

Ich kann Ihnen nur zwei »Techniken« dringend ans Herz legen, die ich selbst bereits seit vielen Jahren praktiziere: die Kunst der inneren Distanzierung und die Meditation. Kein Wunder, dass nach Erleuchtung strebende Menschen diese beiden Methoden schon seit über 2000 Jahren anwenden. Und was können Sie tun, um diese zwei Techniken zu erlernen? Fangen Sie einfach an. Als Lohn dieser beiden Methoden erwarten Sie schon bald das Gefühl des Friedens und innere Kraft. Doch zunächst: Machen Sie einen Meditationskurs und lassen Sie sich von einem erfahrenen Meditationslehrer unterweisen.

Sie werden es nie bereuen.

INNERER ABSTAND – STETS DIE RUHE BEWAHREN

Wenn Sie das nächste Mal einen Film ansehen, können Sie sich schon einmal in innerer Distanz üben: Steigern Sie sich also keinesfalls in die Handlung hinein, identifizieren Sie sich weder mit der Geschichte noch mit den Figuren und lassen Sie sich unter keinen Umständen emotional manipulieren. Schließlich handelt es sich ja nur um einen Film. Bleiben Sie ganz ruhig in Ihrem Sessel sitzen und bewahren Sie innerlich Abstand. Spielen Sie den distanzierten Beobachter. Schauen Sie einfach mit einem gewissen inneren Abstand zu, wie sich das Drama vor Ihnen entfaltet. Diese Übung kann Ihnen dabei helfen, auch im Alltag Ruhe und Nerven zu bewahren, während andere bereits die Fassung verlieren und von Ihnen das Gleiche erwarten. Lassen Sie sich von Ihrem Verstand nicht einreden, es sei kaltherzig und gefühllos, innerlich Abstand zu den Dingen zu wahren. Das ist völliger Unsinn. Wenn Sie sich nicht mit den Gefühlen anderer identifizieren und sich nicht allzu tief in deren Sicht der Dinge hineinziehen lassen, können Sie nämlich viel wacher und einfühlsamer reagieren. Ferner schult Sie diese Vorgehensweise im Bewahren eines klaren Kopfes. Nur so können Sie anderen helfen, sich nicht von ihren Gefühlen fortreißen zu lassen. Man nennt dies Verfahren auch die »Kunst der interesselosen Beobachtung und des nicht wertenden Engagements«. Diese Kunst zu beherrschen, ist ein Gottesgeschenk.

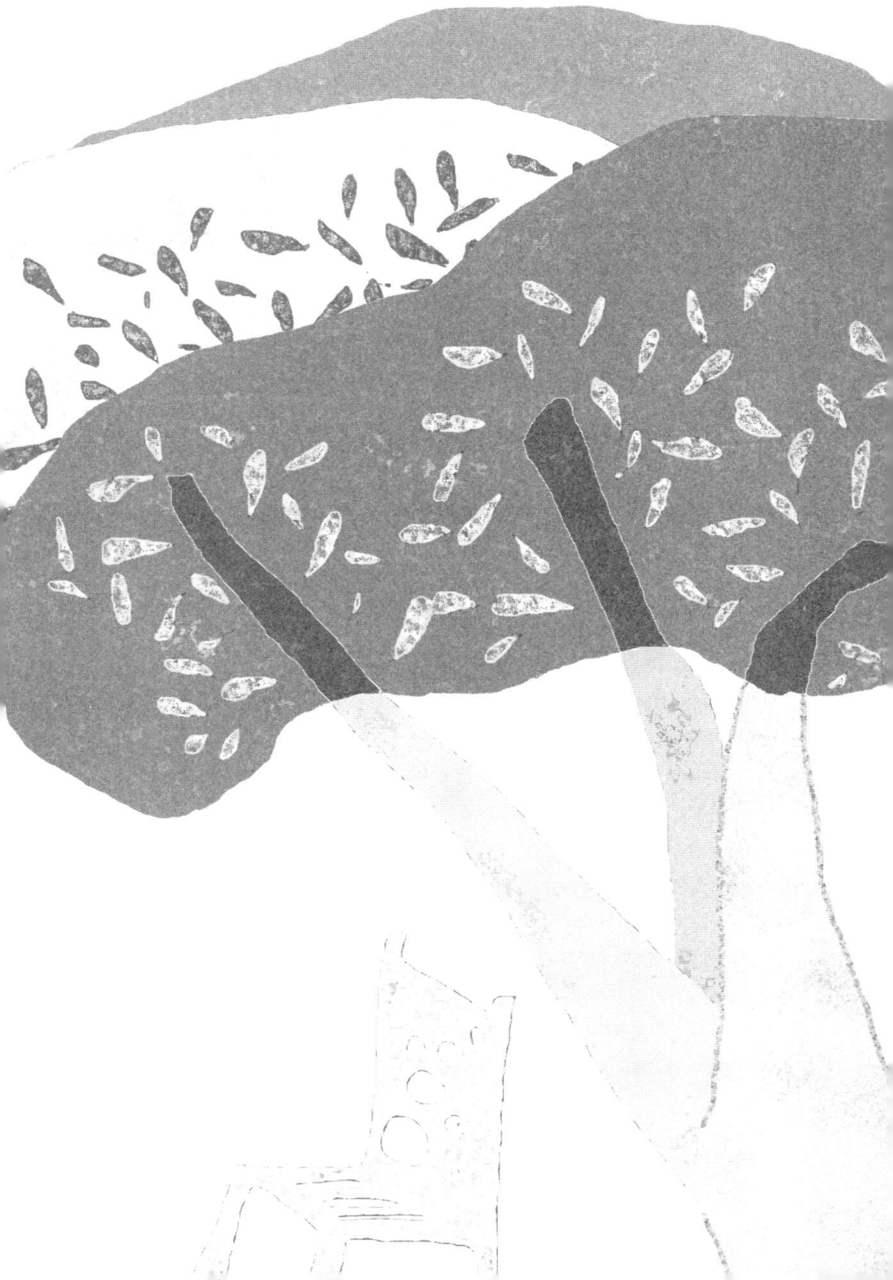

MEDITATION – DIE WICHTIGSTEN SCHRITTE

Lassen Sie einfach liegen, womit Sie gerade beschäftigt sind. Suchen Sie sich ein stilles Plätzchen. Nehmen Sie eine bequeme Sitzhaltung ein. Schauen Sie genau auf das, was in Ihrem Geist vor sich geht. Beobachten Sie wie ein außen stehender Zeuge Ihre Gedanken und Gefühle. Vielleicht verspüren Sie während dieser Beobachtung mitunter den Wunsch, sich mit den Bildern in Ihrem Geist zu identifizieren. Sobald dies passiert, müssen Sie solche Gedanken und Gefühle einfach wieder loslassen und sich erneut in die Beobachterposition begeben. Richten Sie Ihren nicht wertenden Blick so lange auf das innere Geschehen, bis Sie den Raum entdecken, der sich zwischen Ihren Gedanken auftut. Wenn dies gelingt, wird ein immenser Friede Besitz von Ihnen ergreifen. Je häufiger Sie sich in diesen meditativen Zustand versenken, desto intensiver durchdringt dieser Friede Ihr ganzes Wesen. Bereits nach einiger Zeit werden Sie in der Lage sein, diesen Zustand in jeder Situation herbeizuführen. Sie werden die Geschehnisse in Ihrer Umgebung plötzlich mit einer ganz neuen Klarheit sehen, während aus dem Herzen Ihres Bewusstseins die Stimme Ihrer eigenen Weisheit zu Ihnen spricht. Diese Erfahrung eröffnet Ihnen in Ihrem Leben einen völlig neuen Horizont. Dies also sind die segensreichen Wirkungen der Meditation. Zuvor müssen Sie sich allerdings in Geduld üben. Doch am Ende werden Sie für Ihre Mühen mit einer Konzentrationsfähigkeit und Kreativität belohnt, die Sie sich zuvor nicht einmal in Ihren kühnsten Träumen hätten vorstellen können.

UND NOCH EINS

Die Meldung ging erst kürzlich durch die Medien, dass Wissenschaftler eine völlig neue Krebstherapie entdeckt hätten. Als die Forscher Krebszellen in einem Reagenzglas mit Serotonin – einer in unserem Gehirn produzierten, auch als Glückshormon bezeichneten Substanz – behandelten, tötete es sofort sämtliche erkrankte Zellen. Auf die Frage, warum man dies erst jetzt herausgefunden habe, entgegnete ein Wissenschaftler: »Es gibt eine Million chemische Substanzen, deren Tauglichkeit wir für die Krebstherapie noch erforschen müssen, und bislang haben wir nur das Serotonin untersucht.«

Da ist er also: der wissenschaftliche Nachweis, dass ein glückliches Leben unserer Gesundheit zugute kommt. Für die Wissenschaft mag das eine neue Erkenntnis sein, viele andere Menschen haben intuitiv einen solchen Zusammenhang schon immer vermutet.

Vergessen Sie nie: Unser Glück hängt nicht von Bedingungen ab, es ist eine Frage der Entscheidung. Auch ist das Glück nicht etwa ein Ziel, sondern ein Weg. Es ist nicht das Ergebnis einer Leistung, vielmehr kommt es unserer Leistungsfähigkeit zugute. Das Glück ist nichts, was uns irgendwo oder irgendwann erwartet; wir erfahren es entweder jetzt oder nie. Zögern Sie nicht länger. Entschließen Sie sich, augenblicklich glücklich zu sein. Die Welt wartet nur darauf, Ihr heiteres Lächeln zu erblicken; sie wird reicher durch die Zufriedenheit Ihres Herzens, und sie freut sich mit Ihnen über Ihr glückliches Lachen.

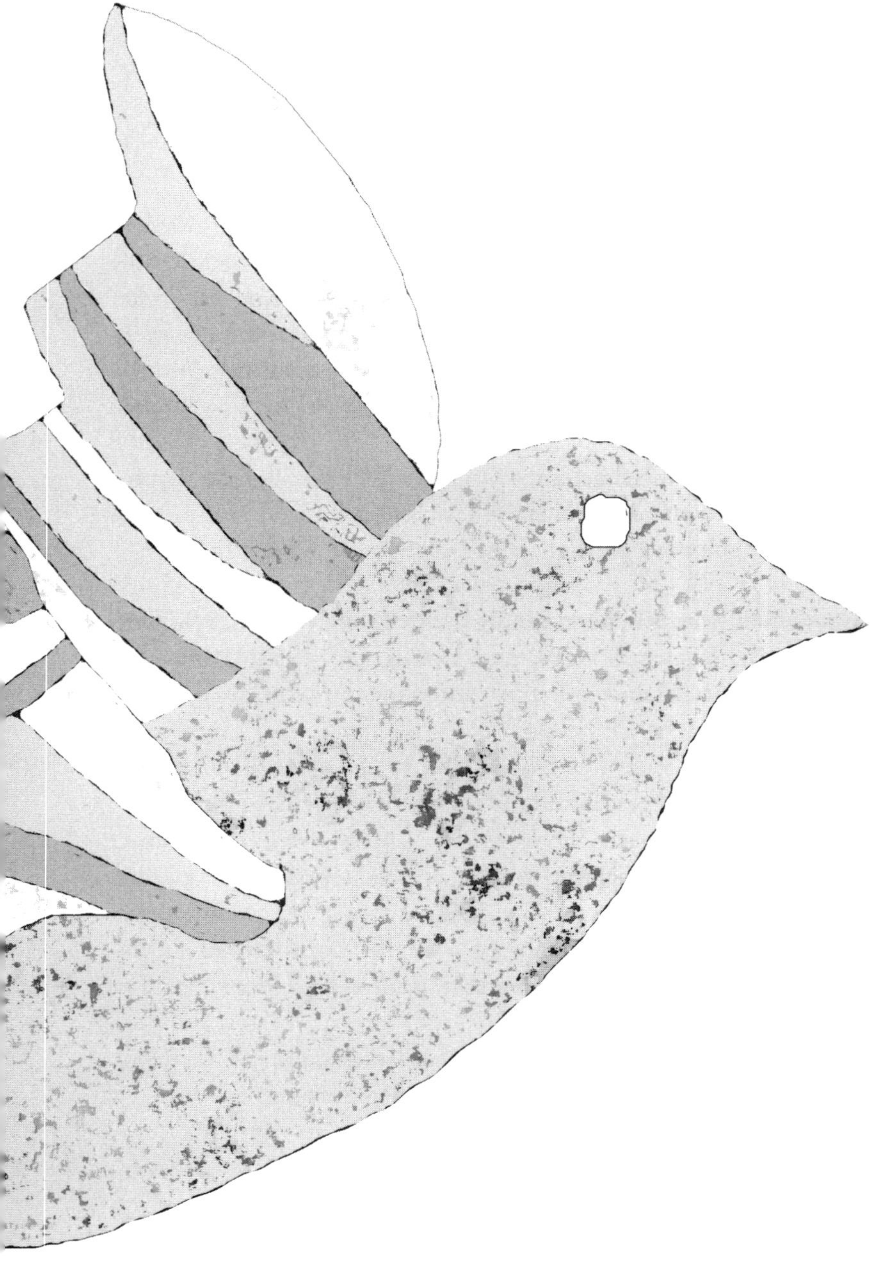

ÜBER DEN AUTOR

Mike George, in London und in den Cotswolds lebend, verfügt über eine Reihe sich ergänzender Kompetenzen. Er arbeitet als spiritueller Lehrer, Motivationstrainer, Retreat-Leiter und lehrt in seinen Kursen Spiritualität für Manager. Er versteht es, ebenso humorvoll wie spirituell kompetent die drei Hauptaspekte des neuen Jahrtausends zu integrieren:

- emotionale Intelligenz
- Management- und Führungskompetenz und
- das Prinzip des permanenten Lernens.

George hat bereits in über dreißig Ländern Workshops, Seminare und Retreats geleitet. Dabei geht es ihm vor allem darum, den Führungskräften und spirituell Interessierten auf seinen Veranstaltungen dabei zu helfen

- sich ihrer eigenen inneren Kraftpotenziale bewusst zu werden, innere Zufriedenheit zu finden und Barrieren abzubauen, die sich im Berufs- und Privatleben nachteilig auswirken.
- emotionale und spirituelle Fähigkeiten zu entwickeln, die für dauerhafte, harmonische Beziehungen unabdingbar sind.
- in sich selbst jene tiefe Weisheit zu entdecken, die für ein seelisch ausgeglichenes und zufriedenes Leben unverzichtbar ist.

Hier einige der Themen, die er in seinen Seminaren und Workshops behandelt: Selbstbewusstsein und persönliche Erleuchtung; Führungskompetenz entwickeln; Persönlichkeitsentwicklung; Formen emotionaler Intelligenz; Konfliktlösung; Meditation und Selbsterkenntnis. Unter den Klienten aus dem privaten und öffentlichen Sektor, die Georges Rat suchen, finden sich auch Großunternehmen wie Mitsubishi, American Express, Siemens, Allianz, Barclays Bank, Johnson and Johnson, KLM Royal Dutch Airlines, NHS, Help the Aged und BBC.

In den vergangenen zwanzig Jahren hat der Autor auf zahlreichen Reisen viele Menschen in der Kunst der Meditation unterwiesen. Darüber hinaus ist er der Verfasser der folgenden Publikationen:

- Learn to Relax
  (Duncan Baird/GB & Chronicle/USA)

- Learn to Find Inner Peace
  (Duncan Baird/GB & Chronicle/USA)

- The Secrets of Self Management
  (BK Publications)

- Meditation for Extremely Busy Pepole
  (BK Publications)

- Stress Free Living
  (BK Publications)

- In the Light of Meditation
  (O-Books/Autumn 2003)

Schließlich ist er noch Herausgeber des Heart & Soul Magazine und Begründer des Relaxation Center (relax7.com)

Mikes Kontaktadresse lautet:
mike@relax7.com

Nähere Auskünfte über geplante Vorträge, Gesprächsrunden, Workshops, Seminare und Retreats finden Sie unter:

www.relax7.com/diary

DANKSAGUNG UND LINKS

Dem Global Retreat Centre und der Brahma Kumaris World Spiritual University verdanke ich entscheidende spirituelle Einsichten.

www.globalretreatcentre.com
www.bkwsu.org.uk

Mein Dank gilt ferner Reed Learning. Dort hat man mir die Chance gegeben, meine Erkenntnisse und Erfahrungen an andere weiterzugeben.

www.reed.co.uk/learning

Der Musik von Bliss verdanke ich Augenblicke tiefer Ruhe und Inspiration und nicht wenige Aha-Erlebnisse.

www.blissmusic.com

Mein Dank gilt ferner dem Kenwood House in Hampstead, wo ich an einem Schreibtisch in der Sonne meiner Arbeit nachgehen konnte. Außerdem bekommt man dort den besten Cappuccino der Stadt.

Von Herzen bedanken möchte ich mich schließlich bei meinen Schwestern und Brüdern für ihre einfühlsame Unterstützung. Euch allen gilt meine aufrichtige Liebe.